kreativ workshop

Nähen

Praxisorientiert und kreativ nähen
mit der Nähexpertin

Heidi Grund-Thorpe

kreativ workshop Nähen

Praxisorientiert und kreativ nähen mit der Nähexpertin

Heidi Grund-Thorpe

Inhalt

Selber nähen ist (k)eine Kunst ...

... beide Aussagen höre ich regelmäßig, und Sie werden überrascht sein, denn ich kann beide Aussagen bestätigen. Einmal bejahe ich diesen Aspekt, denn Nähen ist keine Kunst im Sinne einer künstlerischen Begabung, es ist ein Handwerk, das jeder erlernen kann. Trotzdem ist Ihr selbst Genähtes ein Kunstwerk, wenn Sie mit Freude und Erstaunen feststellen, welche Kreativität und Kunstfertigkeit doch in Ihnen steckt, denn Sie haben ein ganz individuelles Einzelstück kreiert.

Ich habe dieses Buch für Sie unter dem Blickwinkel geschrieben, dass wirklich Alle nähen lernen können. Ich selbst wurde zum Nähen durch meine Mutter angeregt, die unsere Kleider selbst nähte, und ich wollte meine Puppen unbedingt im damals aktuellen Partnerlook einkleiden. Glücklicherweise haben die Kleider meiner Mutter besser ausgesehen als die meiner Puppen, aber ich bin immer vor Stolz auf ein Puppenkleid fast geplatzt.

Im Alter von 16 Jahren begann ich, meine Mode selbst zu kreieren. Da ich auf dem Land aufgewachsen bin, sah ich zwar in den Modezeitschriften immer tolle Outfits, aber leider war das einzig erreichbare Angebot für modische Kleidung nur der Versandkatalog, in meinen pubertären Augen damals ein absolutes „no go". Ich war überzeugt von meinen fantasievollen Kreationen, meine Mutter war entsetzt! Aber ich war stolz wie Lagerfeld und Coco Chanel in einer Person, obwohl ich damals noch nichts von diesen beiden Korifäen gehört hatte.

So hat sich mein Nähgeschick mit der Zeit verfeinert und später durch mein Studium gefestigt. Zwischenzeitlich hatte Nähen allerdings total an Aktualität verloren, mit den Billigst-Discountern war es nicht mehr lohnenswert, zu nähen, es war einfach „out". Glücklicherweise haben viele Frauen und auch Männer in den letzten Jahren das Nähen wiederentdeckt, das belegen nicht nur die Verkaufszahlen der Nähmaschinenhersteller. Auch Nähkurse, Nähcafés und Nähseminare sind ausgebucht. Gemeinsam etwas zu kreieren, zu gestalten und Spaß zu haben, ist in Zeiten der Social Media ein wichtiger Akt. Heute geht es nicht darum, Geld zu sparen, sondern in Gesellschaft Spaß und Kreativität zu erleben!

Ich empfehle Ihnen, mit kleinen Accessoires oder Wohndekos zu starten. Gleich mit den allerersten Nähten halten Sie eine Handytasche in der Hand. Mit jeder weiteren Naht und neuen Stichen lernen Sie die Nähmaschine besser kennen und vor allem erfahren Sie, was Sie damit gestalten können. Ich garantiere Ihnen, wenn Sie die Beispiele durchgearbeitet haben, sagen Sie, „Selber nähen ist keine Kunst."

Ich wünsche Ihnen ganz viel Spaß dabei.

Ihre

Heidi Grund-Thorpe

Wie Sie dieses Buch am besten nutzen können

Ist Ihr Interesse für das Nähen geweckt, wollen Sie sicher gleich loslegen und Ihren Eifer mit den ersten Erfolgserlebnissen, sprich, etwas selbst Genähtem, krönen. Um Ihre Begeisterung zu belohnen, halten selbst blutige Anfänger mit den ersten Nähten schon einen Gegenstand in der Hand, der sich sehen lassen kann. Schritt für Schritt erlernen Sie mit den verschiedenen Nähmaschinenstichen Techniken, die Sie an kleineren Modellen für den Wohnbereich oder modischen Accessoires, aber auch einfachen Bekleidungsstücken ausprobieren.

Der Aufbau der Modelle orientiert sich an den grundlegenden Stichen, mit den anschließenden Techniken werden diese ständig angewendet und vertieft. Der Anspruch an das Können steigt mit dem Durcharbeiten des Buches, ist aber immer auf Anfänger und Wiedereinsteiger ausgerichtet. Bei den Anleitungen der Modelle finden Sie Querverweise, um die erforderlichen Techniken nachschlagen zu können.

Um die Vorteile dieses Buches gewinnbringend nutzen zu können, sollten Sie sich mit dem Aufbau und dem Inhalt kurz vertraut machen.

Die Struktur

Informationen über das Wesentliche wie Nähmaschine, Werkzeuge, Stoffe und Schnitte erhalten Sie im ersten Viertel des Buches.

In acht aufeinander aufbauenden Kapiteln, die Sie praxisbezogen durch die Nähtechniken führen, erfahren Sie alles, was Sie zum Nähen brauchen.

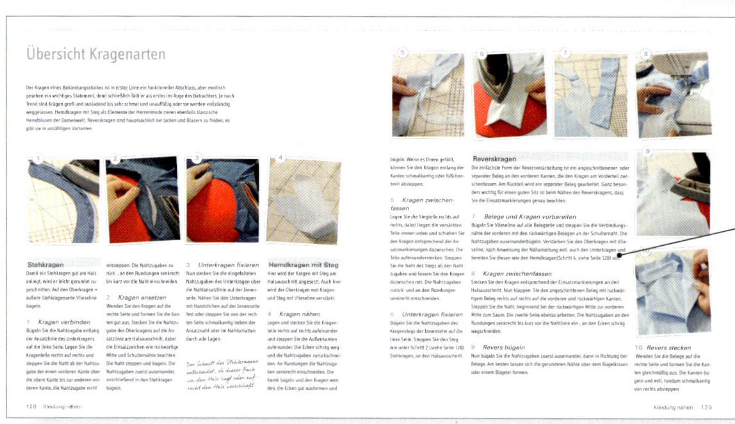

Verarbeitungsvarianten bestimmter Details wie z. B. Kragen oder Taschen werden ausführlich erklärt.

Ergänzend dazu werden verschiedene Techniken konkret an Modellen mit übersichtlichen Schritt-für-Schritt-Anleitungen ausführlicher erläutert.

Einfache Modelle, die die Anwendung der gerade erlernten Techniken vertiefen, machen neugierig auf weitere Erfolgserlebnisse.

Modelle für das dekorative Ambiente und trendige Kleidungsstücke im letzten Teil vereinen die Nähtechniken des vorhergehenden Workshops.

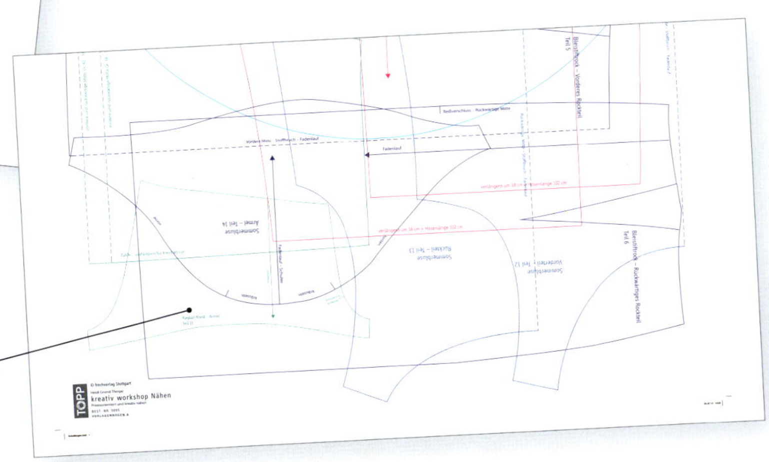

Auf dem beiligenden Schnittbogen finden Sie alle Schnitte in Originalgröße, außerdem die Vorlagen für Applikationen und Schemazeichnungen.

AZUR 4033

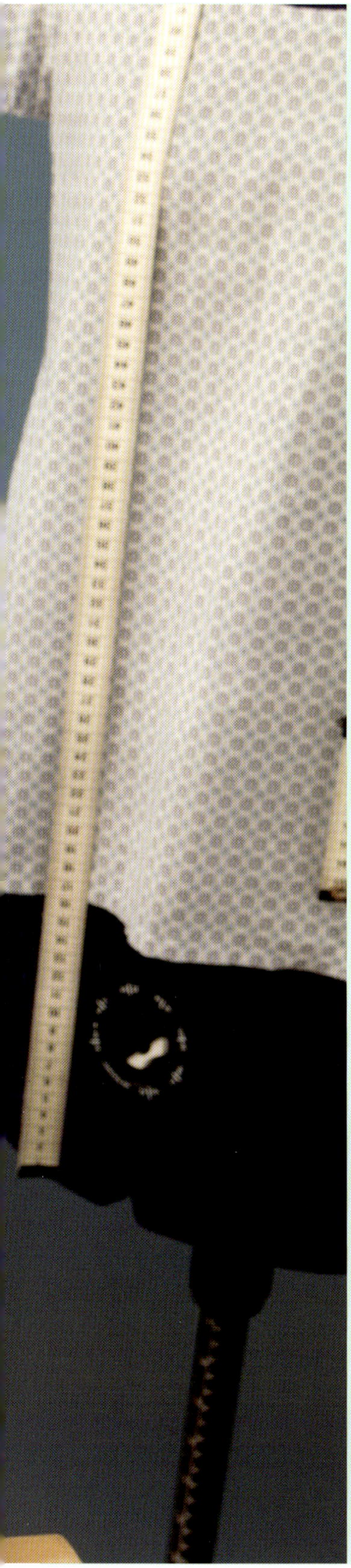

Tu erst das Notwendige,
dann das Mögliche
und plötzlich schaffst Du
das Unmögliche.
Franz von Assisi

Maschine und Werkzeug

Die Nähmaschine als wichtigstes Werkzeug haben Sie schon – oder planen die Anschaffung – dafür stelle ich Ihnen die verschiedenen Typen vom soliden Grundmodell bis zu den Luxuslinern vor, um Ihnen die Kaufentscheidung zu erleichtern. Was Sie sonst noch zum Nähen brauchen, haben Sie häufig sowieso im Haushalt. Ein Tisch zum Nähen und Zuschneiden, ein Bügeleisen, Nadel und Faden. Stoffe, den Schnitt und die übrige Zutaten kaufen Sie immer dann, wenn Sie ein spezielles Projekt umsetzen wollen. Für die, die ihre Näh-Kreativität vertiefen wollen, stelle ich Werkzeuge und Hilfsmittel vor, die Ihr Hobby immer facettenreicher machen und sinnvoll ergänzen.

Die Nähmaschine

Vielleicht haben Sie eine Nähmaschine als Familienerbstück übernommen, deren Anschaffung vor 20 oder 30 Jahren enorm teuer war? Oder Sie planen eine Nähmaschine neu zu kaufen und stehen ratlos vor dem riesigen Angebot, das von unter hundert Euro bis hin zu mehreren tausend Euro reicht. Um Ihre Entscheidung zu erleichtern, gebe ich Ihnen einen Überblick über die grundlegenden Unterschiede der Nähmaschinen – in den verschiedenen Leistungs- und Preisklasse.

1 *Die mechanische Nähmaschine*

Das Modell oben links weist alle Faktoren eines einfach zu bedienenden, aber durchaus gebrauchstüchtigen Einsteigermodells auf. Grundsätzlich sollten Stiche wie Gerad-, Zickzack- und Stretchstich vorhanden sein, dazu die Knopflochautomatik, automatische Verriegelung, verstellbare Nadelposition hoch/tief und in der horizontalen. Dazu eventuell eine Geschwindigkeitsregelung und ein abnehmbares Zubehörfach, um die Freiarmfunktion zu ermöglichen. Die bedienungsfreundliche Maschine erleichtert die Stichauswahl mit Hilfe des Wählrades und zeigt den Stich auf der LC-Anzeige an. Sie bietet zusätzlich diverse Zierstiche und ein einfaches Wechseln der Füßchen an. Damit haben Sie eine grundsolide Nähmaschine ähnlich einem kompakten Kleinwagen, der ehrlich und funktionell einsetzbar ist.

2 *Die computergesteuerte Nähmaschine*

Eine computergesteuerte Maschine bedient höchste Ansprüche beim Nähen, Dekorieren –und wenn Sie möchten, auch beim Quilten. Auf dem Touchscreen können Sie die Stiche, Funktionen, Kurzanleitungen und Hilfemenüs aufrufen, außerdem die Stiche bearbeiten und wenn Sie möchten, für zukünftige Arbeiten speichern. Besonders einfach wird das Wechseln des Fadens mit einer Einfädelautomatik. Eine Auswahl an verschiedenen Knopflöchern steht zur Verfügung, die gleiche Länge wird so oft Sie sie benötigen, wiederholt. Eine Vielzahl an Zierstichen steht zur Wahl, der Nähfußdruck lässt sich einstellen oder stellt sich automatisch ein. Das Zubehör ist ebenfalls umfangreich, verschiedene Näh-, Quilt- und Applikationsfüßchen gehören dazu, sowie Unterfadenspulen, Werkzeug und sonstige Hilfmittel, die immer wieder gebraucht werden.

Hinweis zu Ihrer alten Nähmaschine: War die Maschine vor 20 Jahren sehr hochwertig und technich innovativ, kann es durchaus eine Überlegung wert sein, diese von einem Fachmann überholen zu lassen. Lassen Sie sich aber unbedingt einen Kostenvoranschlag erstellen, sonst führt die Reparatur zu bösem Erwachen. Je nachdem, wie die Maschine in den letzten Jahren behandelt wurde, und gerade auch, wenn sie nicht benützt wurde, können Kosten zwischen 100 und 300 Euro auf Sie zukommen.

Gibt Ihnen der Fachmann den Rat, dass die Maschine die Reparatur in jedem Fall noch wert ist, dann sollten Sie es wagen. Gut wäre, wenn im Zubehörfach noch diverse Füßchen und Spulen vorhanden sind, auch eine Bedienungsanleitung ist von Vorteil. Fehlt das alles, erkundigen Sie sich über den möglichen Ersatz des Zubehörs. Sie können den Fachmann bitten, Ihnen die Maschine zu erklären. Vielleicht kennt sich die Vorbesitzerin damit auch noch gut aus und kann Ihnen Hilfestellung geben.

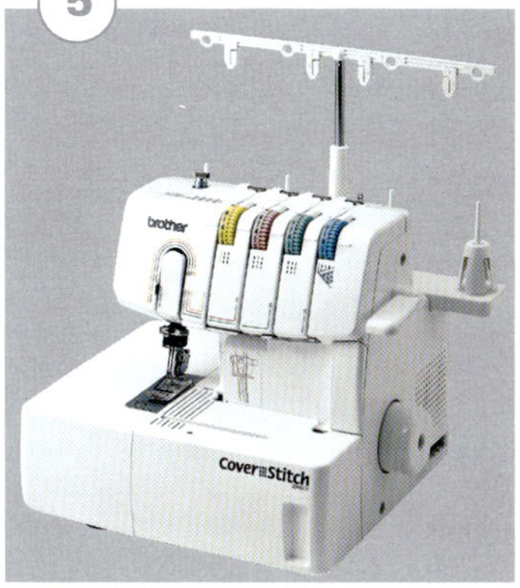

3 Die Stick- und Nähmaschine

Wer unter optimalen Bedingungen nähen möchte, aber auch dem Reiz des Stickens nicht widerstehen kann, der ist mit einer computergesteuerten Stick- und Nähmaschine bestens bedient. Diese hat alle vorher genannten Vorzüge der computergesteuerten Nähmaschine auf höchstem technischen Niveau, eine Vielzahl an Nutz-, Dekor-, Satin- und Kreuzstichen einschließlich einer Auswahl von vielen Knopflochtypen. Die Bedienungsanleitungen sind häufig einprogrammiert, eine einfache Bearbeitung von Stichen und Motiven am Display, sowie Fehlermeldungen stehen zu Ihrer Information bereit. Bereits einprogrammierte Schriften, die sich in Größe und Ausrichtung variieren lassen, ergänzen das Stichangebot. Ein Anschiebetisch erweitert den Freiarm zu einer großzügigen Nähfläche, was beim Quilten ein ungeheurer Vorteil ist. Zum Sticken wird er gegen die Stickeinheit ausgetauscht. Beim Sticken haben Sie die Qual der Wahl, die Stickmuster stehen mittels eines USB-Sticks in einer Vielzahl zur Verfügung. Zusätzlich lassen sich diese unendlich ergänzen. Sie können die Muster einfach mit dem Computer downloaden oder selbst mit der entsprechenden Software entwerfen und mit dem Stick übertragen.

Mit einer Stick- und Nähmaschine schlagen Sie zwei Fliegen mit einer Klappe und zwar auf höchstem technischem Niveau. Eine Stickmaschine ist ein Wunderwerk der Computertechnik und bietet ein immenses „Hintergrundangebot" an Know How – auch beim Nähen.

4 Die Overlockmaschine

Die ideale Ergänzung jeder Nähmaschine ist eine Overlock, die 3 Arbeitschritte in einem vereint. Nähen, versäubern und gleichzeitig die Nahtzugabe beschneiden, und das in einem Arbeitsgang, sauber und schnell.
Wichtig ist ein Differentialtransport, damit sie die Maschine auf jede Stoffart von Organza bis stärkstem Dekostoff einstellen können. Mit dem Differential können Sie auch Kanten in einem Arbeitsgang versäubern und einreihen, was zum Beispiel beim Nähen von Vorhängen oder Rüschen eine riesige Erleichterung ist. Das Messer sollten Sie wegklappen können, die 3- oder 4-Faden-Overlockversäuberung ist optimal in verschiedenen Breiten ausführbar, darüber hinaus stehen diverse weitere Stiche zur Verfügung. Wichtig ist auch, dass das Einfädeln der 4 Fäden übersichtlich durch eine 4-farbige Führung sichtbar ist, so kann nichts schiefgehen.

5 Die Coverstitchmaschine

Den Stich dieser Maschine kennen wir alle von Sweatshirts: Der Saum besteht aus einer doppelten Naht, wie mit einer Zwillingsnadel genäht und auf der Rückseite ist eine Versäuberungsnaht, ähnlich einem Zickzackstich. Im Vergleich zu einer Zwillingsnaht oder dem Zickzackstich ist der Coverstich aber wesentlich dehnbarer und strapazierfähiger. Stiche wie der 2-fach- und 3-fach-Coverstich mit verschiedenen Breiten, z. B. 3 und 6 mm sind möglich, Stichlängen sind ebenso wählbar. Auch eine Kettennaht oder ein Dekorstich, der besonders mit Effektgarnen zur Wirkung kommt, stehen zur Auswahl. Mit dem Differentialtransport nähen Sie auch elastische Stoffe ohne Dehnen oder Kräuseln. Mit dem Sonderzubehör können Sie Bänder aufnähen oder Kanten einfassen.

Standard-Zubehör

Achten Sie beim Kauf darauf, dass Ihre Maschine ein möglichst breites Sortiment an Zubehör hat. Es macht keinen Sinn, wenn die Maschine billig ist – Sie beim Nähen allerdings feststellen, dass dieses oder jenes fehlt – das verdirbt den Spaß. Außerdem ist der nachträgliche Kauf von Sonderzubehör häufig teuer, damit wird die „günstige" Maschine schnell zum kostspieligen Stück.

Bestandteile der Grundausstattung

1 Nähmaschinenöl und Reinigungspinsel. Geht das Öl aus, unbedingt Nähmaschinenöl im Fachhandel kaufen.

2 Fadenablaufscheiben zum Fixieren der Garnspulen, besonders wichtig bei waagerechtem Lauf.

3 Unterfadenspulen aus Metall oder Plastik, bei Ergänzungen auf die richtige Größe achten.

4 Nahttrenner zum Auftrennen und für Knopflöcher.

5 Nähnadelset mit Maschinennadeln in verschiedenen Stärken.

6 Standard- und Basisnähfüße.

7 Bedienungsanleitung, die Sie unbedingt durchlesen sollten.

8 Diverse Schraubenzieher zum Lösen und Festdrehen der Nadel.

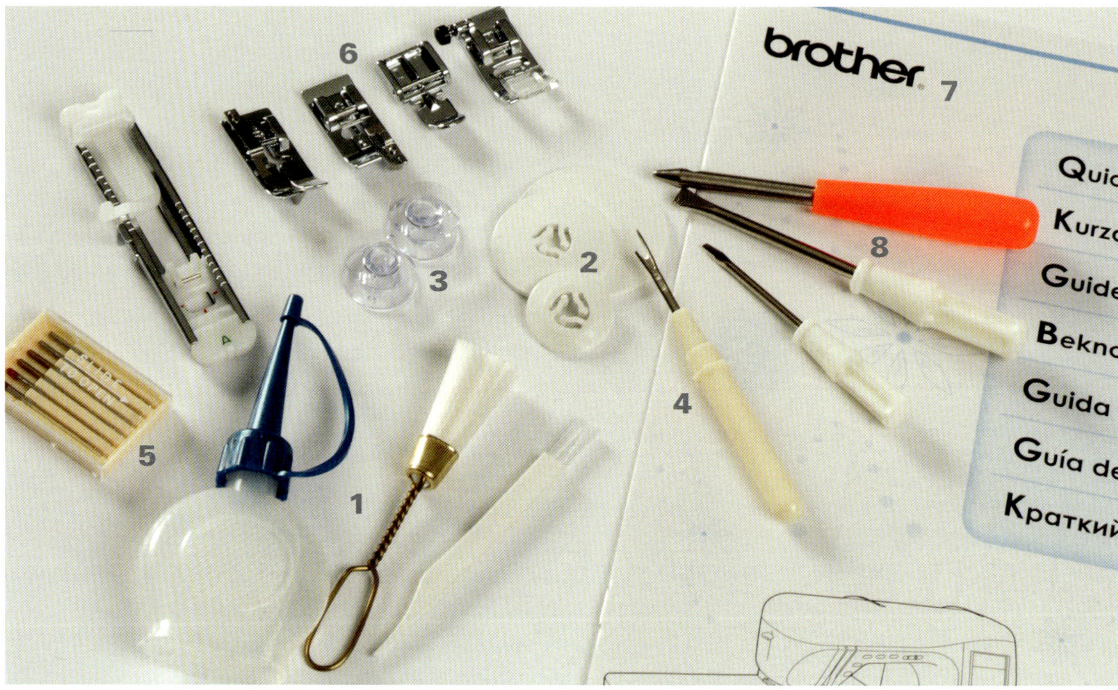

Tipp zum Kauf einer Nähmaschine: Kaufen Sie nicht die billigste Maschine, sondern achten Sie darauf, dass sich die Maschine einfach bedienen lässt. Die Handhabung können Sie im Fachgeschäft ausprobieren, dort werden Sie auch mit Sachverstand beraten! Sollten Sie bei der Bedienung Fragen haben oder einmal ein technisches Problem auftauchen, können Sie sich immer wieder an den Fachmann wenden. Ein direkter Ansprechpartner ist ein großer Vorteil, der den kleinen Preisunterschied zwischen Fachhandel und Internet mehrfach ausgleicht. Eine weitere Überlegung, die Sie beim Kauf beachten sollten: Eine computergesteuerte Nähmaschine bietet für Anfänger und auch Wiedereinsteiger den großen Vorteil, dass viele Einstellungen automatisch erfolgen. Das ist eine große Erleichterung, auch die vielfältigen Ausstattungen dieser Maschinen. Der Preis einer guten mechanischen Maschine und einem computergesteuerten Einstiegsmodell liegen häufig nicht wesentlich auseinander.

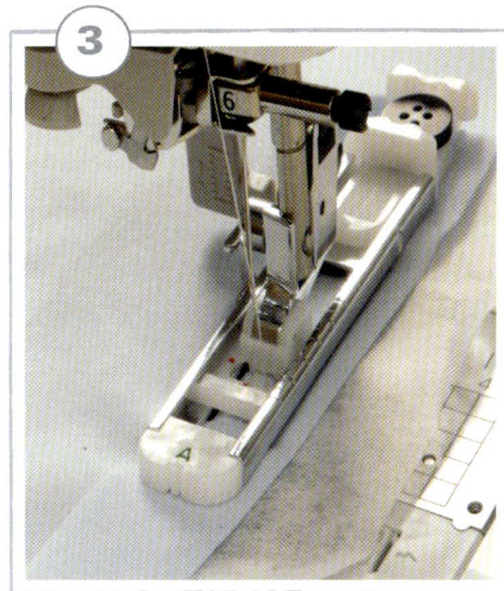

Basis-Nähfüßchen

Die folgenden drei Füßchen sollten in jedem Fall bei einer Maschine zur Grundausstattung gehören, ist das nicht der Fall, empfehle ich Ihnen diese anzuschaffen.

1 *Geradstich- und Zickzackfüßchen*

Damit nähen Sie Stepp- und Geradstichnähte, ein Allrounder, mit dem Sie fast alles machen können. Von der Nadel in der Mitte bis zum äußeren Rand sind es 0,5 cm, so können Sie ohne Markierung Nähte mit 0,5 cm Breite steppen, die auch als „füßchenbreit" bezeichnet werden. Durch die breite Aussparung in der Mitte können Sie die horizontale Nadelposition ändern, auch die Arbeit mit Zwillings- oder Drillingsnadeln ist damit problemlos möglich.

2 *Reißverschlussfüßchen*

Mit einseitigen Füßchen nähen Sie dicht um den Reißverschluss herum, ein beidseitiges Füßchen wird je nach Seite des Reißverschlusses, an der Sie entlangsteppen, links oder rechts am Nähfußhalter angebracht. So gelangen Sie ganz dicht an die Zähnchen des Reißverschlusses.

3 *Knopflochfüßchen*

Diese Füßchen sehen je nach Maschine sehr unterschiedlich aus. Sie haben häufig eine Aussparung, in die der Knopf als Maß für die Länge eingelegt werden kann. Bei computergesteuerten Maschinen werden die Füßchen durch ein Kabel mit der Nähmaschine verbunden; die Länge des Knopfloches wird am Touchscreen eingegeben.

Weitere Füßchen

Diese Füßchen erleichtern die Arbeiten sehr, liegen aber nicht jeder Maschine bei. Die Anschaffung beider Füßchen ist absolut sinnvoll, wenn Sie Bekleidung nähen.

4 *Nahtverdeckte Reißverschlussfüßchen*

In meinen Augen unverzichtbar, wenn Sie nahtverdeckte Reißverschlüsse nähen wollen. Die auf der Rückseite liegenden Spiralen ziehen die Nahtlinien aufeinander zu, sodass die Naht fortgesetzt wird. Mit diesem Füßchen gelingt das kinderleicht.

5 *Blindstichfüßchen*

Eine perfekte Ergänzung zum Saumstich. Damit wird der Saum nahezu unsichtbar fixiert. Das mühselige Sticheln per Hand erübrigt sich!

Spezialnähfüßchen

Das Angebot an speziellen Füßchen ist enorm, es hängt natürlich immer auch von der Beschaffenheit der Maschine ab. Je größer das Stichangebot Ihrer Maschine ist, umso mehr Füßchen sind erhältlich. Die Anschaffung dieser Füßchen hängt davon ab, was Sie nähen. So sind Rollsäumer hilfreich beim Einfassen feiner Stoffkanten, der Schmalkantenfuß erleichtert das Absteppen mit schmalen Abstand, außerdem das Steppen im Nahtschatten. Nähen Sie gerne Jeanskleidung, ist der Kapper eine große Unterstützung. Viele andere Füßchen weisen mit ihrem Namen auf den Verwendungszweck hin. Mein Tipp: Kaufen Sie diese Füßchen erst dann, wenn Sie sie wirklich brauchen!

Bedienung der Nähmaschine

Ob eine einfache, mechanische Nähmaschine oder ein computergesteuertes Luxusmodell – der Aufbau ist immer der gleiche, selbst wenn Ihre Maschine auf den ersten Blick anders aussieht als das Modell auf dem Foto. Alle Nähmaschinen werden mit einem Keilriemen angetrieben.

Die Ober- und Unterfadenführung

Der Oberfaden

Grundsätzlich wird die Garnrolle auf den Garnrollenhalter gesteckt oder geschoben, dieser kann senkrecht oder waagerecht gelagert sein. Bei waagerechter Lage wird die Spule zusätzlich mit Garnrollenhaltern bzw. -scheiben fixiert. Der Faden wird von der Spule weg zwischen den regelbaren Spannungsscheiben zum Gelenkfadenhebel und durch ein oder mehrere Führungsösen zur Nadel geführt. Die individuelle Fadenführung finden Sie in der Bedienungsanleitung Ihrer Nähmaschine.

Der Unterfaden

In der Regel wird der Faden von der Garnrolle auf eine Unterfadenspule aufgespult. Je nach Modell wird diese in eine Skpulenkapsel eingelegt und mit dieser in die entsprechende Halterung unterhalb der Stichplatte eingelegt oder die Spule wird direkt in die Halterung eingefügt. Der Faden wird durch Drehen des Handrades und gleichzeitigem Festhalten des Oberfadens nach oben auf die Stichplatte gezogen; hier liegt er in Form einer kleinen Schlinge, die Sie am besten mit einer Scherenspitze oder Nadel herausziehen, bis das Fadenende erreicht ist. Ziehen Sie den Ober- und Unterfaden zwischen Füßchen und Stichplatte zusammen nach hinten.

Unterfaden aufspulen

Idealerweise verwenden Sie für den Unterfaden die gleiche Garnfarbe wie für den Oberfaden, so haben Sie beim Wenden einer Näharbeit beidseitig die gleiche Nahtfarbe. Zum Umspulen stecken Sie die Unterfadenspule auf die dafür vorgesehene Halterung. Ziehen Sie den Faden von der Garnrolle über die Fadenführung zur Spule und wickeln Sie den Fadenanfang mehrmals um die Spule. Die Spule in Richtung des Spulstopps drücken bzw. umgekehrt, bei Bedarf mit dem Handrad den Leerlauf der Nadel aktivieren und mit dem Fußpedal Gas geben. Ist die Spule voll, stoppt die Maschine automatisch.

Gut zu wissen

Maschine blockiert

Sollte bei Ihrer computergesteuerten Nähmaschine die Maschine stehenbleiben und auf dem Display die Anzeige: „Motor kurzfristig blockiert" erscheinen, dann ist häufig die Kapselhalterung unterhalb der Stichplatte mit Flusen oder Garnfäden verstopft. Hier können Sie abhelfen, indem Sie die Stichplatte und die Unterspule entfernen und mit dem Flusenpinsel und einer Pinzette die Verschmutzungen entfernen.

Die Fadenspannung

Alle Stiche entstehen dadurch, dass der Oberfaden um den Unterfaden geschlungen wird. Die Unterfadenspannung ist vorgegeben. Sollte sich die Spannung nicht automatisch einstellen bzw. Ihnen das Stichbild nicht gefallen, lässt sich bis auf wenige Ausnahmen nur die Oberfadenspannung regulieren. Das geschieht mit einem Rädchen oder über die Eingabe am Touchscreen. Meistens ist eine mittlere Fadenspannung von 3–4,5 eingestellt, bei dünnen Stoffen sollten Sie die Fadenspannung lockern und eine Einstellung von 2–3 wählen. Dickere Stoffe erfordern eine höhere Fadenspannung von ca. 5. Steppen Sie eine Probenaht immer mit einem doppelt gelegten Stoffrest.

1 *Zu starke Oberfadenspannung*

Hier sind die Schlingen des Unterfadens auf der Oberseite sichtbar. Lockern Sie die Fadenspannung.

Sind Sie unsicher, ob die Fadenspannung passt, gibt es einen kleinen Trick: legen Sie eine andersfarbige Unterfadenspule ein. Zeigt sich auf der Stoffoberfläche ein Teil des andersfarbigen Unterfadens, dann ist die Fadenspannung zu fest, umgekehrt erhöhen Sie die Fadenspannung, wenn die Garnfarbe der Oberfadenspule auf der Unterseite sichtbar ist.

1

2

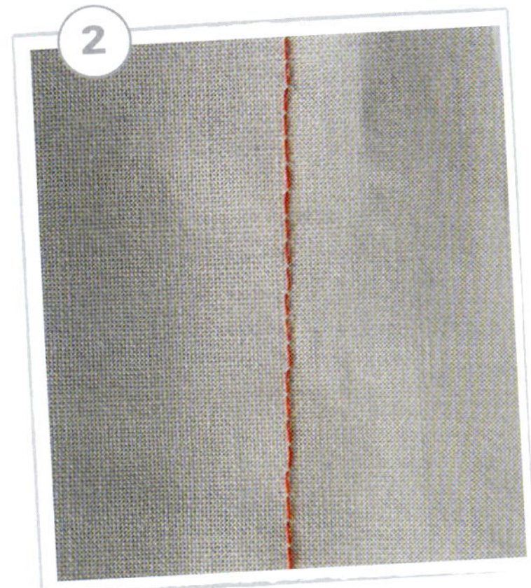

2 *Zu lockere Oberfadenspannung*

Hier sind die Schlingen des Oberfadens auf der Unterseite sichtbar, Sie sollten die Fadenspannung erhöhen.

Nähfuß, Nähfußheber, Transporteur

3 *Transport des Stoffes*

Der Nähfuß wird mit einem Hebel hinter dem Gelenkfadenhebel angehoben bzw. abgesenkt, nur bei gesenktem Nähfuß kommt eine Naht zustande. Der Nähfuß drückt den Stoff auf den darunterliegenden Transporteur, der beim Betätigen der Rücktaste auch rückwärts transportiert. Die Transportfunktion lässt sich zum Freihandnähen, Sticken oder Flicken durch Versenken des Transporteurs ausschalten.

Der Antrieb

4 *Fußpedal*

Nähmaschinen werden mit einem Keilriemen angetrieben, der Motor ist mit dem Gehäuse verdeckt. Mit dem Fußpedal, das durch ein Kabel mit der Maschine verbunden wird, regeln Sie die Nähgeschwindigkeit. Es funktioniert wie beim Gaspedal des Autos, mit verstärktem Druck geben Sie mehr „Gas“ bzw. die Geschwindigkeit wird erhöht.

Wartung und Pflege

5 Reinigen Sie die Maschine nach der Beendigung einer Näharbeit von Flusen und Staub, vor allem, wenn Sie sehr flusenreiche Stoffe wie Nicky, Velours oder Plüsch verarbeitet haben. Am besten geht das mit dem Flusenpinsel aus Kunststoff, der zum Zubehör der Maschine gehört. Je nach Hersteller bzw. Alter der Maschine muss die Maschine auch nachgeölt werden. Die Schmierpunkte, an denen Sie tropfenweise das spezielle Nähmaschinenöl auftragen, finden Sie in der Bedienungsanleitung. Die neueren Maschinen sind häufig selbstschmierend, dabei entfällt das Nachölen.

3

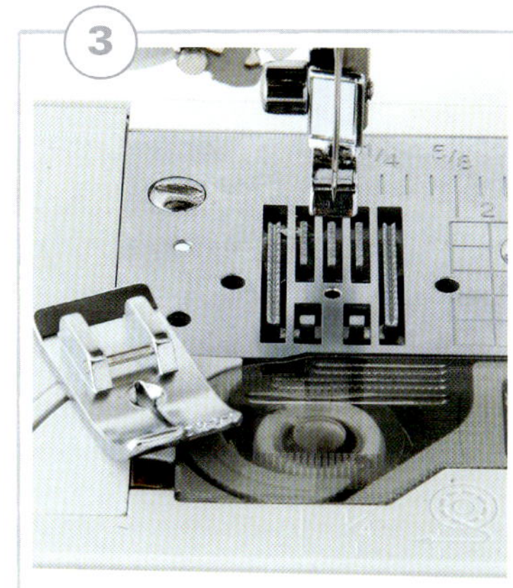

4

5

Bügeln

„Gut gebügelt ist halb genäht“, diese Aussage werden Sie von jedem erfahrenen Schneider/in oder Ihrem Nähkursleiter hören. Ich kann es nur bestätigen, Sie selbst werden es nach wenigen Nähten selbst erkennen. Mein eindringlicher Rat, bügeln Sie lieber einmal zuviel, denn das erleichtert das Nähen.

1 *Bügeleisen*

Gleich nach der Nähmaschine kommt beim Nähen das Bügeleisen. Die Bügeltemperatur sollte von 30 °C bis 220 °C bzw. durch die Angaben von Synthetik bis Leinen regelbar sein. Eine Beschichtung der Bügelsohle erleichtert das Gleiten über den Stoff.

Vorteilhaft beim Nähen (und natürlich auch im Haushalt) sind Dampfbügeleisen (a), deren Dampfdruck sich regeln lässt, denn so können Sie auch empfindliche Stoffe mit Dampf bügeln.

Eine besondere Ausstattung ist eine Bügelstation (b): Das Bügeleisen ist mit einem großen Wassertank verbunden und das dazugehörige Bügelbrett hat Heiz-, Gebläse- und Absaugfunktionen, die sich beim Bügeln von sehr feinen oder „rutschigen“ Stoffen perfekt einsetzen lassen.

Ein Mini- bzw. Reisebügeleisen (c), z. B. von Prym, mit Dampffunktion ist nicht nur für unterwegs ein praktischer Helfer. Beim Nähen hat es den Vorteil, durch die kleine Form in alle noch so kleinen Ecken und Rundungen zu gelangen, durch die verkleinerte Bügelfläche entstehen an „Engstellen“ keine unnötigen Falten. Ich würde es allerdings nur als zusätzliche Ausstattung zum Bügeleisen empfehlen. Sie können damit zwar auch größere Flächen bügeln, aber das wird dann schon recht mühselig!

2 *Bügelbrett*

Haben Sie einen „jungen“ Haushalt, der noch nicht mit einem Bügelbrett ausgestattet ist, dann lassen sich einfache Stoffe, die glatt liegen, auch auf einem Tisch mit darüberliegenden Abdeckung bügeln, z. B. mit dickem Molton. Bei Rundungen wird es dann schon schwierig, dafür benötigen Sie ein Bügelbrett. Achten Sie darauf, dass die Bügelfläche aus Aluminium mit Perforierung besteht. Durch die Löcher kann die Feuchtigkeit beim Dampfbügeln abziehen. Der Bezug sollte waschbar und gepolstert sein. Die Verstellbarkeit in der Höhe ist wichtig, denn dann können Sie auch im Sitzen von Ihrer Nähmaschine aus bügeln. Natürlich sollte sich das Bügelbrett auch flach zusammenklappen lassen, so lässt es sich nach dem Gebrauch gut verstauen.

Wenn Sie ein neues Bügelbrett kaufen, dann ist es sinnvoll, ein Bügelbrett mit integriertem Ärmelbrett zu kaufen. Das erspart extra Platz, denn es läßt sich bei Nichtgebrauch einfach unter das Bügelbrett klappen.

3 *Ärmelbrett*

Ärmelbretter gibt es separat zu kaufen oder es ist direkt am Bügelbrett integriert. Auf ein Ärmelbrett können Sie, wie der Name sagt, schmale Ärmel und auch Hosenbeine aufschieben. Aber auch enge Rundungen lassen sich über dem Ende des Bretts gut bügeln.

4 *Bügelkissen*

Das eiförmige Kissen benötigen Sie beim Nähen von Bekleidung. Rundungen, Abnäher und Formteile lassen sich, über den verschieden stark gewölbten Rundungen des Kissens perfekt in Form bügeln.

5 *Bügeltuch*

Sehr empfindliche Stoffe wie Kordsamt, Samt oder Velours, aber auch Stoffe, die beim Bügeln Glanzstellen bekommen, werden durch das Auflegen eines Bügeltuchs geschützt. Ich verwende dazu ein altes Leinengeschirrtuch, das so dünn ist, dass es leicht transparent ist. Haben Sie keine Relikte dieser Art, können Sie auch einen Stoffrest aus Baumwollbatist oder Seide dazu verwenden. Im Handel sind Bügeltücher aus speziellen Kunstfasern erhältlich, die sich ebenfalls bei allen Temperaturen einsetzen lassen. Bügeltücher können auch befeuchtet werden als Ersatz für ein Dampfbügeleisen oder um noch mehr Dampf zu erzeugen.

Tipp: Für Anfänger oder schnelle Näharbeiten empfehle ich die Näh- und Bügelauflage von Prym aus dickem, wattierten Baumwollmaterial mit Taschen an der Vorderseite, in die Sie alles hineinstecken können, was fürs Nähen schnell zur Hand sein muss. Stecknadeln spießen Sie während des Nähens einfach in den Stoff. Müssen Sie schnell etwas für den täglichen Gebrauch bügeln, legen Sie die Auflage auf den Küchentisch, das geht schneller als das Bügelbrett aufzuklappen.

3
5
2
4
1a
1b
PHILIPS
AZUR
1c

Ausstattung des Arbeitsplatzes

Ein Traum, wenn Sie einen eigenen Raum oder festen Platz zum Nähen haben, wo Sie alles „stehen und liegenlassen“ können. Ich selbst habe diesen Platz erst, seitdem meine beiden älteren Kinder ausgezogen sind, vorher habe ich immer am Esstisch gearbeitet. Aber auch diese Lösung ist nicht die schlechteste, mit ein bisschen Organisation wird aus dem Küchentisch schnell ein Nähtisch.

Tisch zum Zuschneiden, Nähen und Bügeln

Ein standfester Tisch mit glatter Oberfläche, der mindestens 70 cm breit ist, ist beim Schnitt kopieren, Stoff zuschneiden und Nähen ideal. Kopieren Sie Ihren Schnitt mit dem Kopierrädchen, dann legen Sie eine nicht zu dicke Vliesdecke unter das Schnittpapier und den Schnitt. Beim Zuschneiden des Stoffes schützen Sie die Tischoberfläche vor Kratzern mit eine Wachstuchdecke oder einer Plastikfolie. Muss ich große Teile zuschneiden, die in voller Stoffbreite von 140 cm zugeschnitten werden, ziehe ich heute noch auf den Fußboden um.

Zum Nähen stellen Sie die Maschine an eine Kante, den Stuhl, wenn möglich einen Drehstuhl, davor. Optimal ist es, das Bügelbrett schräg neben den Nähtisch zu stellen, so brauchen Sie sich nur mit dem Stuhl um 90 Grad drehen und können schon bügeln. Haben Sie dafür keinen Platz, dann stellen Sie das Bügelbrett in möglichst kurzer Distanz parat. Unter dem Tisch sollte ein Mülleimer bereitstehen, so können die Fäden und Stoffabschnitte, die ständig abfallen, sofort aufgefangen werden.

Ein glatter Fußboden mit Fliesen oder Laminat ist vorteilhaft, da herabfallende Stecknadeln nicht steckenbleiben. Bei Teppichboden ist ein Magnet sehr hilfreich, damit lassen sich diese ganz einfach aufsammeln.

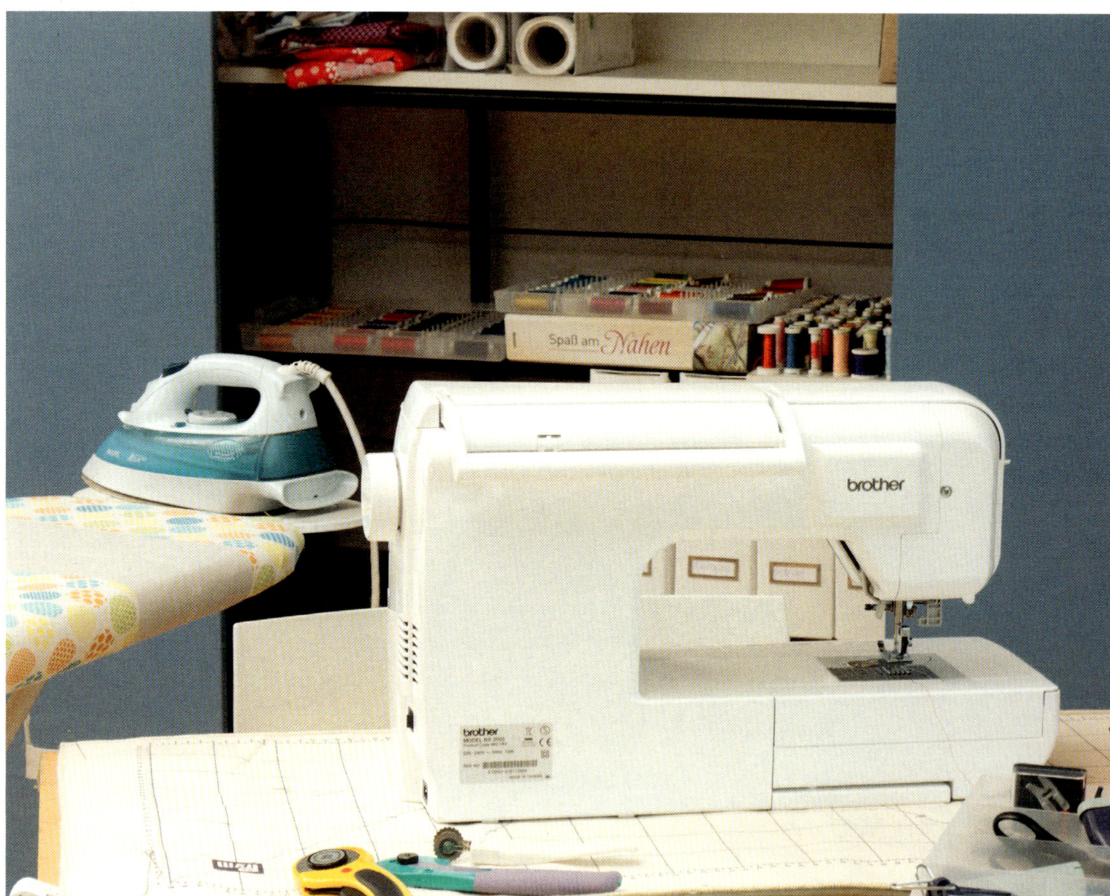

1 *Nähzubehör aufbewahren*

Natürlich können Sie Scheren, Nadeln, Nähmaschinenzubehör und auch Nähfäden und vieles mehr einfach in einer Schachtel aufbewahren – allerdings – nach einer Weile ist das Chaos perfekt. Die Fäden verknoten sich, beim Griff nach der Schere stechen Sie sich an den Nadeln und egal was Sie brauchen, Sie müssen erst umständlich suchen.

Dabei ist die Lösung ganz einfach und günstig: ein Werkzeugkasten aus dem Baumarkt aus Kunststoff. Auf zwei Ebenen mit vielen Unterteilungen können Sie Ihre gesammelten Utensilien übersichtlich und griffbereit unterbringen. Die elegantere Lösung ist ein Nähkästchen, das im Handel in nostalgischer Form aus Holz zum Ausklappen erhältlich ist, bis hin zum eleganten Rollenköfferchen, das geschlossen nicht von einem Businesskoffer zu unterscheiden ist. Egal wofür Sie sich entscheiden, mit allen Aufbewahrungskästen haben Sie nicht nur Ihr Zubehör jederzeit zur Hand, sondern sind auch mobil, um das nächste Nähcafe oder einen Nähworkshop zu besuchen.

2 *Schneiderpuppe*

Eine Schneiderpuppe mit Ihren Maßen ist das Nonplusultra beim Nähen von Bekleidung.

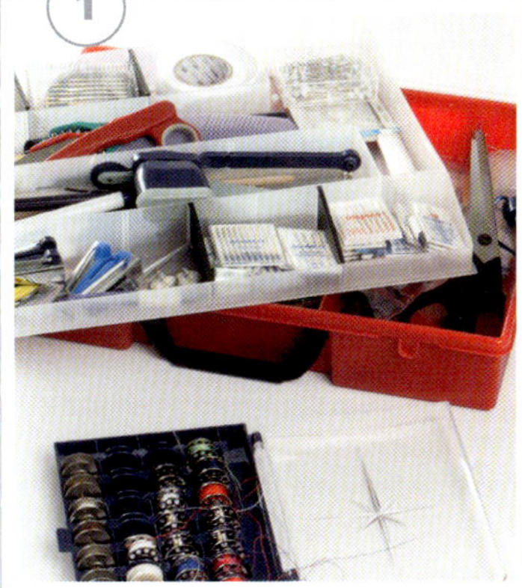

1

So ersparen Sie sich das ständige Anprobieren (das Sie nach größerem Arbeitsfortschritt aber trotzdem machen soll-ten, um die Bequemlichkeit zu testen). Diese durchaus auch attraktiven Schneiderpuppen (z. B. von Prym) sind auch dekorativ als Kleiderständer im Schlafzimmer oder zum Aushängen Ihrer Bekleidung zu gebrauchen, wenn Sie gerade mal nicht nähen.

2

Wohin mit Nähmaschine, Zutaten und Co?

Wird das Ganze gerade nicht gebraucht, dann benötigen Sie etwas Platz in Ihrem Kleiderschrank oder einem Regal im Abstellraum. Die Nähmaschine mit der Hülle oder dem Koffer abdecken, das Bügelbrett wird zusammengeklappt mit dem Bügeleisen verstaut, der Zutatenkasten oder -koffer findet ebenfalls Platz im Regal. Dort sollten Sie auch eine Kiste mit Stoffresten, Ihre Schnittvorlagen oder Zeitschriften in einem Sammelordner aufbewahren. Sie sehen, der Platzbedarf ist gering, es muss nur alles organisiert sein.

Nähvorrat: Es gibt kaum etwas Frustrierenderes, als während des Nähens feststellen zu müssen, Sie können nicht weiterarbeiten, weil etwas fehlt! Womöglich noch am Wochenende, damit werden die schönsten Pläne zunichte gemacht. Deswegen sollten Sie neben dem Stoff, Schnittvorlagen und erforderlichen Kurzwaren folgendes parat haben:

1. Nähfäden in verschiedenen Farben, z. B. die Mappe von Gütermann mit den gebräuchlichsten Farbtönen.
2. Nähmaschinen-Universalnadeln in verschiedenen Stärken, evtl. noch ein Heft mit Spezialnadeln, abgestimmt auf den Stoff (wie Jersey-, Leder- oder Microtexnadel).
3. Vlieseline zum Aufbügeln in dünner oder mittlerer Qualität, die Sie z. B. auch als Bundeinlage und andere Fixierungen verwenden können (z. B. Vlieseline H180 oder H200).
4. Handnäh-, Sicherheits- und Stecknadeln sowie Stopfnadeln.
5. Textilkleber HT2 (z. B. von Gütermann creativ) und Applikationsfolie oder Saumfix, mit denen sich kleine Reparaturen ausführen lassen.

Werkzeuge und Zubehör

Stellen Sie sich einen Maler ohne Pinsel vor – bestenfalls kann er mit den Händen malen und das Ergebnis ist sehr modern! Dagegen ist eine Schneiderin ohne Schere aufgeschmissen! Soll das Arbeiten Spaß machen und erfolgreich durchgeführt werden, achten Sie hier auf eine gute Qualität der Scheren. Auch hier gilt wie bei vielen anderen Anschaffungen, wenige Teile genügen für den Start, ergänzen können Sie später immer wieder, was Sie für besondere Näharbeiten benötigen.

Grundausstattung

1 *Papierschere*

Eine Papierschere brauchen Sie, um Papierschnitte und Vorlagen auszuschneiden.

2 *Stoffschere*

Stoffscheren gibt es für Rechts- und Linkshänder. Durch die spezielle, asymmetrische Form liegt die flache untere Scherenhälfte auf dem Tisch auf, dadurch wird der Stoff nicht angehoben und der Schnitt exakt da platziert, wo Sie ihn haben wollen.

3 *Fadenknipser*

Der Fadenknipser sollte neben der Maschine jederzeit griffbereit liegen, damit schneiden Sie die Fäden dicht am Stich ab. Er eignet sich gut zum Auftrennen von Nähten.

4 *Nahttrenner*

Noch einfacher geht das Auftrennen mit dem Pfeil- oder Nahttrennstab, mit dem Sie auch Knopflöcher aufschneiden können. Die Kugel an einer Spitze verhindert, dass Sie den übrigen Stoff beschädigen.

5 *Maßband*

Ein flexibles Maßband mit einer minimalen Länge von 150 cm benötigen Sie zum Maßnehmen, es legt sich um jede Rundung. Es ist auch mit einem Schieber erhältlich, mit dem Sie das abgemessene Maß markieren können.

6 *Handmaß*

Um Säume, Nahtzugaben, Knopflöcher, Falten, Abnäher u. v. m. zu markieren, ist ein Handmaß ideal.

Wenn Sie etwas anderes als Stoff, selbst Fäden, mit der Stoffschere schneiden, ist die Schere dauerhaft beschädigt und wird schnell stumpf! Ich binde immer einen Stoffstreifen um das größere Auge der Griffe, damit jedem einschließlich mir selbst, der Verwendungszweck sofort sichtbar ist.

7 *Markierstifte und Kreide*

Kreide in Stift- oder Blockform oder ein Textilmarkierstift benötigen Sie, um Näh- oder Schnittlinien auf dem Stoff aufzuzeichnen. Die Kreide wird, falls sie sich nicht selbst beim Nähen auflöst, mit einem Bürstchen entfernt. Der Textilmarkierstift löscht sich nach einiger Zeit bzw. unter Einwirkung von Feuchtigkeit (z. B. beim Bügeln) von selbst. Vorsicht, das kann bei längerem Unterbrechen einer Näharbeit zu bösen Überraschungen führen, denn dann sind diese Markierungen weg.

8 *Kopierrädchen*

Ein Kopierrädchen verwenden Sie beim Übertragen von Schnittteilen eines Schnittbogens, aber auch um Markierungszeichen mit Hilfe von Schneiderkopierpapier auf mehrere Stofflagen zu übertragen.

Probieren Sie vor dem Markieren die Kreide oder die Textilmarkierstifte immer erst auf einem Stoffrest aus. So sind Sie sicher, dass der Strich sich wieder entfernen lässt.

Sinnvolle Ergänzungen zur Grundausstattung

1 *Zackenschere*

Eine durchaus lohnenswerte Anschaffung ist eine Zackenschere, mit der Sie wenig fransende Stoffe beschneiden können, ohne dass diese zusätzlich versäubert werden müssen. Materialien wie Vlies, Filz und Leder erhalten mit einem Zackenrand eine dekorative Kante.

2 *Rollschneider*

Rollschneider in Verbindung mit einer Schneideunterlage und einem Lineal bieten die Möglichkeit, lange und exakte Kanten durch mehrere Lagen Stoff gleichzeitig zu schneiden. Für das Zuschneiden langer Stoffstreifen für Schrägbänder oder großer Bahnen für Tischdecken und Vorhänge sowie Teile für die Patchworktechnik sind sie unentbehrlich. Die Klinge lässt sich durch Lösen einer Schraube gegen eine gewellte Klinge austauschen, so erhalten Sie eine Zackenkante.

3 *Doppelkopierrädchen*

Doppelkopierrädchen lassen sich mit 3–4 je 0,5 cm breiten Abständen einhaken, sie werden mit loser Kreide befüllt. So können Sie die Nahtlinie und gleichzeitig die Schnittlinie auf Stoff übertragen, legen Sie noch Schneiderkopierpapier unter die zweite Stofflage, werden beide Markierungslinien auch darauf übertragen.

4 *Omnigrid-Lineal*

Ein Omnigrid-Lineal ist nicht nur als Messwerkzeug für Rechts- und Linkshänder zu gebrauchen, die Kanten sind auch als Führung für den Rollschneider geeignet. Darüber hinaus können Sie Winkel mit 30°, 45° und 60° sowie 90° problemlos anzeichnen.

5 *Schrägbandformer*

Schrägbandformer in drei verschiedenen Breiten für die Anfertigung von selbst geschnittenen Schrägbändern. In einem Arbeitsgang werden die Längskanten gleichmäßig breit umgebügelt.

6 *Wendenadel und -stäbchen*

Die Wendenadel oder das Wendestäbchen mit Röhre sind beim Wenden von Stoffschläuchen wie Trägern, Schlaufen etc. eine Erleichterung.

7 *Variozange*

Mit der Variozange bringen Sie im Handumdrehen Nieten-, Ösen und Druckknöpfe an. Das Schlagen mit dem Hammer entfällt.

8 *Bügel-Fingerschutz*

Weiche Fingerschützer, die beim Bügeln auf den oder die Finger der linken Hand geschoben werden. So sind Sie sicher vor heißem Dampf oder Brandblasen und können ganz dicht an das Bügeleisen fassen.

Nadeln

Nadeln werden beim Nähen in Hand- und Nähmaschinennadeln unterteilt. Ich empfehle Ihnen, von allen ein kleines Sortiment anzulegen, denn beim Nähen benötigen Sie alle Arten der angesprochenen Nadeln.

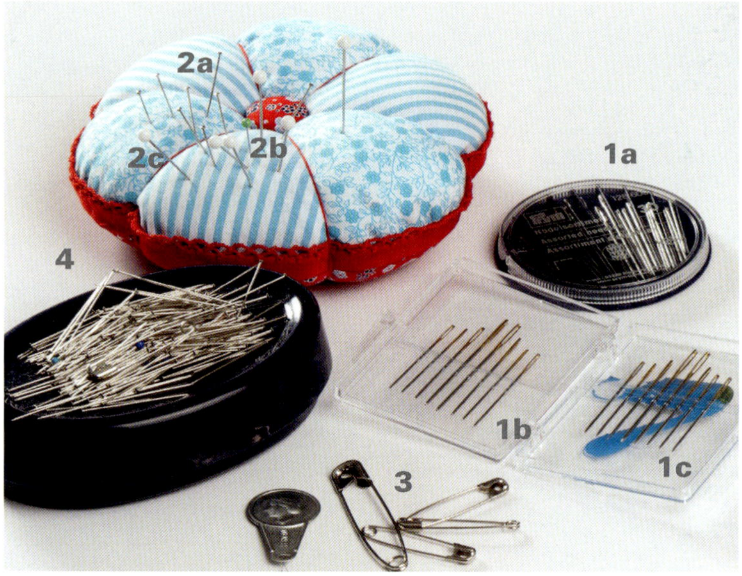

Handnähnadeln

1 *Nähnadeln*

Wie alle übrigen Nadeln auch, gibt es diese in verschiedenen Stärken, im Gegensatz zu den Maschinenähnadeln auch in verschiedenen Längen. Die Länge und Weite der Nadelöhre ist ebenso unterschiedlich. Ich empfehle Ihnen, ein Sortiment von Handnähnadeln (a) zu kaufen und diese mit einem Heftchen spitzer (b) und abgerundeter Stopfnadeln (c) zu ergänzen. Wenn Sie die jeweiligen Nadeln nach dem Gebrauch immer wieder in das Heft zurückstecken, haben Sie für lange Zeit ausgesorgt.

2 *Stecknadeln*

Diese Nadeln sind unerlässlich, denn sie werden bei vielen Arbeitsschritten benötigt. Schnittmusterteile und der Stoff werden beim Zuschneiden damit verbunden, auch beim Markieren von Abnähern und Ansatzlinien innerhalb der Schnittteile sind sie eine große Hilfe. Beim Nähen halten die Stecknadeln die aufeinanderliegenden Stoffteile entlang der Nahtlinie zusammen, häufig erübrigt sich dadurch das Heften. Stecknadeln gibt es mit Metallköpfen (a), die sich gut überbügeln lassen und den etwas besser greifbaren Glaskopf(b)- und Plastikkopf-nadeln (c). Achtung, beim Überbügeln mit hohen Temperaturen von Plastikkopfstecknadeln können diese schmelzen!

Tipp: Lassen Sie sich auch bei Nadeln nicht von Billigangeboten verlocken! Viele Nadeln einer Schachtel sind rau oder stumpf, leider merken Sie das erst, wenn sich bereits ein kleines Loch im Stoff bildet. Außerdem sind diese Nadeln aus billigstem Grundmaterial hergestellt und gleiten schlecht durch den Stoff. Ein echtes Ärgerniss, wenn Sie an einer kniffligen Stelle eine Nadel einstecken wollen. Hier muss ich Ihnen ausdrücklich zu deutschen Markenprodukten raten.

3 *Sicherheitsnadeln*

Beim Einziehen von Kordeln oder Elastikgummibändern in einen Tunnel werden diese ebenso verwendet, wie um grobmaschige Stoffe, bei denen Stecknadeln durchrutschen würden, aufeinander zu fixieren. Auch beim Quilten werden die Stofflagen mit Sicherheitsnadeln aufeinander fixiert.

4 *Aufbewahrung der Nadeln*

Ein Nadelkissen neben der Nähmaschine liegt parat, um die Nadeln aus den Nahtlinien herauszuziehen und in das Kissen zu stecken. Auch ein Nadelkissen aus Kunststoff mit einem starken, innenliegenden Magneten dient dem gleichen Zweck.

Der gute alte Fingerhut ist auch heute noch ein sinnvoller Schutz, um Nadelstiche in Ihre Fingerkuppen bei Handnäharbeiten zu vermeiden. Setzen Sie ihn auf den Mittelfinger der Hand, die das Nadelöhr anschiebt. Auch eine Nadeleinfädelhilfe erleichtert die Arbeit, ebenso beim Einfädeln des Fadens in die Nähmaschinennadel. Es sei denn, Ihre Maschine hat eine automatische Einfädelfunktion, die ist einfach genial. Lassen Sie sich nicht von den ersten Fehlversuchen abschrecken, klappt es einmal, werden Sie nie mehr darauf verzichten!

Ob Sie die Nadeln liegend oder eingesteckt aufbewahren, bleibt Ihnen überlassen. Der Vorteil von eingesteckten Nadeln ist, dass Sie sich nicht an durcheinanderliegenden Spitzen und Köpfen stechen können. Für wenige Nadeln, die Sie sogar in Ihrer Handtasche aufbewahren können, ist der Nadeltwister bestens geeignet. Die Nadeln werden wie bei einem Lippenstift heraus- und wieder zurückgedreht.

Maschinennähnadeln

Die Vielzahl an Nähmaschinennadeln sind auf die verschiedenen Stoffe, Fäden, Techniken und Nähmaschinen abgestimmt.
Alle Nähmaschinen werden mit Flachkolbennadeln bestückt, Sie erkennen diese an der abgeflachten Rückseite (1). Nur sehr wenige alte Nähmaschinen arbeiten noch mit Rundkolbennadeln.

1 *Universalnadeln*

Für Ihre Erstausstattung genügt eine Packung Universalnadeln in verschiedenen Stärken. Die Stärke 60 bis 75 wird für feine und dünne Stoffe eingesetzt, die Stärken 80 und 90 für Baumwolle und mittlere Stoffstärken, die Stärken 100 bis130 sind für dicke und schwere Stoffe geeignet.

2 *Jeansnadeln*

Sollten Sie gerne Jeansstoffe und andere, sehr feste Stoffe verarbeiten, ist die besonders spitz geformte Jeansnadel H-J ideal, die außerdem einen verstärkten Schaft hat.
Für Ledernähte nehmen Sie die Ledernadel H-LL mit einer Schneidespitze.

3 *Jerseynadeln*

Jerseystoffe werden besonders pfleglich mit der Jerseynadel H-SUK verarbeitet. Die runde Nadelspitze sticht nur in Maschenzwischenräume, damit keine Löcher entstehen.

4 *Microtexnadeln*

Eine Microtexnadel H–M ist besonders für sehr feine und dichte Gewebe oder Wirkwaren geeignet. Damit vermeiden Sie Kräusel beim Durchstechen der Gewebefäden, z. B. bei Seide.

5 *Stretchnadeln*

Bei der Verarbeitung von Stretchstoffen mit der Stretchnadel H-S verhindert die Kombination von Kugelspitze, Hohlkehlform und die Form des Nadelöhrs Fehlstiche.

6 *Zwillingsnadeln*

Zwillingsnadeln ergeben mit verschiedenfarbigen Nähfäden interessante Ziersteppnähte, auch Zierstiche können Sie damit ausführen. Zwillingsnadeln sind für Säume von dehnbaren Stoffen ein toller Ersatz, wenn Sie keine Overlockmaschine haben. Auf der Rückseite der Naht entsteht ein Zickzackstich, der elastisch ist, auf der Vorderseite ist eine Doppelgeradstichnaht sichtbar.

6 *Ledernadeln*

Diese Nadeln sind scharf wie ein Messer und „schneiden“ beim Einstechen ins Leder.

Gut zu wissen

Fehlerhafte Nähte
Werden beim Nähen Stiche ausgelassen, ist die Ursache dafür häufig eine defekte Nähmaschinennadel. Beschädigungen wie eine leichte Biegung oder eine stumpfe Spitze lassen sich mit bloßem Auge kaum erkennen. Stecken Sie die Nadelspitze in eine zusammengeknüllte Damenstrumpfhose. Ziehen sich beim Herausziehen Fäden, müssen Sie die Nadel wechseln. Dann aber unbedingt die alte Nadel sofort in den Müll!

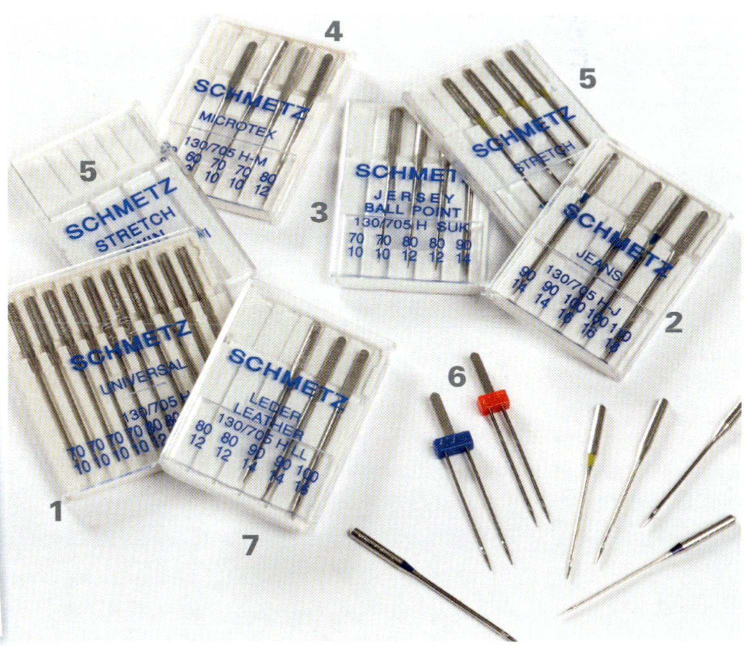

Näh- und Stickfäden

Bei der Auswahl der Fäden, die Sie farblich entsprechend des Stoffes wählen, rate ich zu hochwertigen Fäden, Billigprodukte sind hier absolut zu meiden. Es ist zwar verlockend, zum Preis einer Garnspule 5 oder gar 10 verschiedene Fäden zu kaufen, aber ich garantiere Ihnen, Ihr Geld ist rausgeschmissen. Die Fäden reißen häufig – wenn nicht schon beim Nähen, dann spätestens beim Tragen. Die Ursache liegt in der Verarbeitung billiger kurzer Fasern, die für uns unsichtbare Knötchen bilden, im Nadelöhr hängen bleiben und schließlich reißen. Hochwertige Fäden sind nicht nur Endlosfäden, sie sind auch farb- und lichtecht. Stellen Sie sich vor, sie waschen ein selbst genähtes Kissen mit farbigen Steppnähten, und die Farbe blutet in Flecken aus oder verschwindet in Kürze durch die Sonne. Diese Stücke sind für immer verdorben.

Tipp: Ein guter Nähfaden sollte folgende Eigenschaften haben:

- durchgehend gleiche Fadenstärke
- reiß- und scheuerfest
- elastisch und dehnbar
- weich und geschmeidig
- waschfest bis 95 °C
- bügelfest bis 200 °C
- chemisch reinigungsbeständig
- licht- und farbecht

Nähmaschinenfäden

Ein hochwertiger Faden hat einige wichtige Eigenschaften, die für Ihr selbst Genähtes von großer Bedeutung sind. Die Fadenstärken reichen von dicksten Faden No. 30 zum feinsten Faden No. 120. Die Fadenstärke No. 120 ist für das Nähen mit der Overlockmaschine besonders geeignet, aber natürlich auch mit der normalen Nähmaschine zu verwenden. Der Allesnäher oder Universalfaden hat die Stärke No. 100, er lässt sich mit der Nadelstärke NM 60 verarbeiten, in der Regel aber mit NM 70.

1 *Der Standardfaden*

Für nahezu alle Näharbeiten, selbst für Handnähte, ist der Allesnäher oder Universalfaden der Richtige. Er besteht zu 100 % aus Polyester, genauso wie der rPET-Faden. Die Fadenspulen gibt es mit 50, 100, 200 und 500 m, die größte Farbauswahl gibt es bei den Spulen mit 100 und 200 m Länge.

2 *Nähfäden aus Naturmaterial*

Darüber hinaus gibt es Fäden aus Baumwolle und Seide, ebenfalls in verschiedenen Farben und Stärken.

3 *Maschinenstickfäden*

Maschinenstickfäden bestehen aus Viskose (wie z. B. Rayon 40 von Gütermann creativ) und ergeben ein besonders glänzendes Stickbild.

4 *Spezialfäden*

Fäden mit optischen Effekten, die in der Dunkelheit leuchten oder sich bei Sonnenlicht verändern sind ebenso wie Fäden in Neonfarben ein modisches Muss. Metalleffektfäden oder Fäden wie Sliver oder Holoshimmer sind nur für Akzente geeignet und müssen mit der Spezialnadel N MET verarbeitet werden.

Overlockfäden

5 Speziell für die Overlockmaschine erhalten Sie sehr feine, aber feste Fäden, die auf so genannte Konen gespult sind. Da die Overlockmaschine mit 3–5 Fäden gleichzeitig arbeitet, ist es erforderlich, dass diese feiner als die übrigen Fäden sind. Wegen des höheren Fadenverbrauchs erhalten Sie die Overlockfäden mit 1000, 2000 oder 5000 m Länge.
Lassen Sie sich im Fachhandel bei speziellen Anliegen beraten, grunsätzlich gilt, der Allesnäher oder Universalfaden ist für nahezu jede Naht der Richtige.

Gut zu wissen

Neu im Handel ist ein recycelter Nähfaden, der rPET, der die gleichen Eigenschaften wie die eines herkömmlich hergestellten Nähfadens aufweist. 10.000 m dieses Fadens werden aus einer 1-l-PET Flasche hergestellt, daher hat dieser Faden auch die Bezeichnung rPET (z. B. von Gütermann creativ). Die Farbpalette des rPET hat derzeit etwa 40 Farbtöne, wird aber ständig mit neuen Farben erweitert.

Gütermann
Gütermann
Gütermann
Gütermann
CA 02776
Gütermann
Gütermann
CA 02776
SULKY
SULKY
Gütermann
Gütermann
Polyester
220 yds/vgs
rPET · 100 m

Die Mode ist vielleicht keine Waffe der Frau, aber sie liefert ihr wenigstens die Munition.
Brigitte Bardot

Stoffe, Einlagen, Kurzwaren

Es ist ein wahrer Genuss, Stoffe vom Ballen zu wickeln und mit der Hand zu „be-greifen". So, wie ein Stoff der Hand schmeichelt oder durch diese regelrecht hindurchfließt, so trägt er sich auch auf der Haut und umhüllt uns. Aber auch für Wohnaccessoires gilt, je mehr ein Stoff unsere Sinne anspricht, umso stärker ist die positive Wirkung, und das nachhaltig, wenn Sie zum Beispiel darauf sitzen oder Sie einen Vorhang ständig vor Augen haben.

Stoffe

Der Stoff, aus dem die Träume sind, kann leicht zum Alptraum werden, wenn Sie sich von der Optik und dem „Griff" verleiten lassen. Ein gewisses Know-How bezüglich der Verarbeitung ist auch für den Anfänger wichtig, um ein zufriedenstellendes Ergebnis beim Nähen zu erreichen.

Die Herkunft der Fasern

Wir unterscheiden zwischen natürlichen und synthetischen Fasern, dabei ist die Herkunft natürlicher Fasern sowohl pflanzlicher Art wie Baumwolle und Leinen als auch tierischer Art wie Wolle und Seide. Synthetische Fasern werden durch chemische Prozesse erzeugt.

Naturfasern

1 *Baumwolle*

Baumwolle ist extrem strapazierfähig, hitzebeständig und lässt sich daher mit höchster Temperatur waschen, so wird das Material auch hygienisch sauber. Baumwolle kann bis zu 20 % ihres Eigengewichts an Feuchtigkeit aufnehmen, ohne sich nass anzufühlen und selbst bis 65 % Feuchtigkeitsaufnahme ist sie tropffrei. Durch Veredelung wird ein Stoff aus Baumwolle knitterarm und schrumpffrei, auch ein leichter Oberflächenglanz durch Mercerisieren ist möglich. Baumwolle gibt es vom dünnsten Organdy, der halbtransparent und hauchzart ist, bis zum stärksten Segeltuch- oder Jeansstoff.

Weiße und helle Baumwolle kann bis 95 °C gewaschen werden, bunt gefärbte Stoffe bis 60 °C. Nach dem Trocknen bügeln Sie Baumwollstoffe mit der entsprechenden Bügeleinstellung.

2 *Leinen*

Der Grundstoff ist die Flachspflanze, derene Fasern extrem strapazierfähig sind. Leinen hat im Vergleich zu Baumwolle eine noch höhere Feuchtigkeitsaufnahme, in feuchtem Zustand ist es außerdem extrem reißfest. Dass Leinen „edel knittert" ist bekannt, bei Sommerkleidung erzeugen die Knitterfältchen den lässigen Charme.
Leinen ist bis 95 °C waschbar, farbiges Leinen kann auch ausbluten und sollte daher separat und mit einer niedrigeren Temperatur gewaschen werden. Bügeln lässt sich Leinen am einfachsten in leicht feuchtem Zustand oder Sie machen trockenem Leinen enorm viel Dampf!

3 *Wolle*

Nach den Tierfellen ist Wolle das älteste Material für Bekleidung. Heute werden gerne auch Tierhaare wie Kaschmir, Angora, Alpaka, Mohair oder Kamelhaar untergemischt. Hochwertige Wollstoffe sind mit dem Wollsiegel gekennzeichnet, die Bezeichnung „Reine Wolle" oder „Wolle" wird Stoffen aus minderwertiger oder Reißwolle verliehen. Wolle hält sehr warm, knittert kaum und ist luftdurchlässig, dabei werden Wassertropfen bis zu einem gewissen Grad abgewiesen.
Bei der Pflege von Wolle empfehle ich Vorsicht, denn Wolle kann verfilzen, es sei denn, sie ist als „filzfreie Wolle" ausgezeichnet. Ein derartiger Wollstoff kann in der Waschmaschine mit 30 °C gewaschen werden. Auf der sicheren Seite sind Sie, wenn Sie Wolle reinigen lassen.

»

Gut zu wissen

Geschichte der Bekleidung

Kleidung wurde auch schon vor ca. 50.000 Jahren zum Schutz vor Hitze oder Kälte getragen. Damals bestand sie aus Tierfellen und -häuten, zuerst unbearbeitet, später gegerbt. Historiker gehen davon aus, dass besonders schöne Felle auch als Schmuck oder Auszeichnung getragen wurden.

Vor etwa 7000 Jahren lernte der Mensch, aus Tierhaaren vom Schaf oder dem Kamel, entsprechend der jeweiligen Lebensregion, Fäden zu spinnen und daraus Stoffe zu weben. Später wurden die Haare durch Flachs und Baumwolle ergänzt. Seit ungefähr 4000 Jahren ist in China das Verfahren bekannt, aus den Kokons der Seidenraupe Seide zu spinnen und diese zu verweben.

Die Erfindung der Nähnadel war eine bedeutende technologische Errungenschaft – die ersten wurden aus Tierknochen gefertigt – um Kleidungsstücke in Form zu bringen. Nur so konnte sich die Geschichte der Bekleidung entwickeln, die Grundfasern von vor 7.000 Jahren werden heute noch verwendet.

1
2
3

4

5

6

7

4 *Seide*

Seide wird häufig als „Endlosfaden" bezeichnet, tatsächlich wird er als ca. 3000 m langes Seidenfilament vom Kokon der Maulbeerraupe abgewickelt. Seide hat nicht nur herausragende optische Eigenschaften wie der matte Glanz, sondern bietet auch einen großen Tragekomfort. Sie wärmt bei Kälte und kühlt bei Hitze. Es ist möglich, aus dem Seidenfaden extrem dünne und transparente Stoffe wie Organza, aber auch feste und schwere Stoffe wie Brokat herzustellen.
Seide lässt sich bei 30 °C waschen, intensive Farben können leicht ausbluten und sollten daher separat gewaschen werden. Bügeln können Sie mit hohen Temperaturen, aber achten Sie unbedingt darauf, dass keine Wassertropfen vom Bügeleisen auf die trockene Seide gelangen, das gibt Flecken (die Sie durch Waschen des kompletten Teils wieder entfernen).

Chemiefasern

5 *Viskose*

Viskose besteht aus reiner Zellulose und ist daher eigentlich eine Naturfaser, durch die starke chemische Bearbeitung wird sie aber den Chemiefasern zugeordnet. Viskose kann zu vielen Optiken wie Seide, Baumwolle oder Leinen verarbeitet werden und hat eine elegante Wirkung durch den „schweren Fall". Viskose wärmt kaum und ist nicht besonders strapazierfähig, sie liegt angenehm kühl auf der Haut, aber knittert leicht.
Viskose kann bis 30 °C gewaschen werden. Sie lässt sich gut bügeln, probieren Sie die Einstellung Seide bis Baumwolle.

Viskose ist ein echtes Chamäleon unter den Fasern, denn sie läßt sich durch die Verarbeitung optisch so verändern, dass manchmal selbst ein Profi nicht sicher ist, ob er nicht doch ein Naturmaterial wie Baumwolle, Seide oder gar Leinen in der Hand hält.

6 *Polyamid, Polyacryl, Polyester*

Nachdem diese Kunstfasern Ihren schlechten Ruf der 1960er Jahre aufgrund ständiger Verbesserungen verloren haben, sind die Namen auch wieder in aller Munde. Perlon, Nylon, Dralon, Orlon und Trevira sind modisch im Gespräch und werden zu strapazierfähigen, pflegeleichten und hochwertigen Stoffen verarbeitet.

Elastan

Der hochelastische Faden dehnt sich bis zu 7-facher Länge und zieht sich auch wieder vollständig zusammen. Selten wird das Material pur, fast immer als Beimischung mit einem 3–5 %igem Anteil verarbeitet. Wir kennen es in mittlerweile fast allen Hosen, selbst die engsten Jeans sind damit bequem zu (er)tragen.

Es muss eine echte „Qual" gewesen sein, ohne das elastische Elastan die Mode der 1940er und 1950er Jahre zu ertragen. Die extrem auf Figur gearbeitete Mode hat allerdings zu aufrechter Haltung erzogen.

7 *Mikrofasern*

Technisch hoch entwickelte Fasern werden zu feinsten Garnen verarbeitet. Die Gewebe aus Mikrofasern sind extrem leicht und trotzdem dicht. Eine ideale Faser für den Outdoor- und Sportbereich, denn sie trotzen Wind und Regen, trotzdem kann Schweiß nach außen dringen und die Haut bleibt auch bei extremem Schwitzen trocken.

Pflege von Chemiefasern

Waschen und Trocknen fällt bei allen Chemiefasern unter den Begriff „pflegeleicht", Bügeln ist meistens überflüssig und sie dürfen in den Trockner. Bei Mikrofasern keinesfalls Weichspüler verwenden, damit verlieren diese die wasserabweisende Wirkung.

Mischfasern

8 Mischfasern werden aus Natur- und synthetischen Fasern „kombiniert". Es ist das Ziel, bei der Mischung die schlechteren Eigenschaften einer Naturfaser mit der synthetischen Beimischung zu verbessern. Z. B. können die Knittereigenschaft von Baumwolle so weit durch Beimischungen verbessert werden, dass bügelfreie Baumwolle das Endprodukt ist.

Die Reißfestigkeit von Wolle wird durch Synthetikmischungen erhöht, umgekehrt werden die geringen Wärmeeigenschaften von Synthetik mit Wolle aufgebessert. Mischfasern sind häufig pflegeleicht, im Zweifelsfall richten Sie sich immer nach der Pflegeanleitung des empfindlichsten Materials der Zusammensetzung.

Stoffe für Anfänger

9 *Mittelschwere Stoffe*

Stoffe werden nicht nur nach Ihrer Faser und Webart, sondern auch häufig nach Gewicht beurteilt. Alle Qualitäten, die etwas schwerer im Bereich von ca. 180–250 g/m² liegen und griffig sind wie Baumwolle, Leinen, Gabardine, Popeline, dünne Schurwolle, Mikrofasern und dünne Jeansstoffe sind gut für Nähanfänger geeignet. Sie liegen gut in der Hand, rutschen nicht beim Zuschneiden und Nähen. Sind es Mischfasern, werden die Stoffe durch die Beimischung synthetischer Fasern etwas leichter als reine Naturfasern.

»

Tipp: Um zu erkennen, ob sich ein Stoff gut verarbeiten läßt, klappen Sie den Stoff einige Zentimeter um und streichen Sie fest über die Bruchkante. Lässt diese sich gut einkneifen, so können Sie ihn auch gut verarbeiten. Wegen der geringen Knittereigenschaften entfällt bei Wollstoffen wie Loden und Walk dieser Test.

Gut zu wissen

Umweltfreundliche Fasern

Bei der Herstellung von Baumwolle werden zum Reinigen der Baumwollfasern nach dem Pflücken große Mengen Wasser benötigt. Gerade in den traditionellen Anbaugebieten der Baumwolle ist das Trinkwasser sehr knapp und wertvoll.

Baumwollstoffe und -bekleidung, die mit einem Biosiegel ausgezeichnet sind, werden unter Berücksichtigung des Umweltschutzes vom Anbau bis zum fertigen Kleidungsstück verarbeitet. So werden nur Naturfasern verwendet, die ganz oder zumindest größtenteils aus ökologischer Landwirtschaft kommen und umweltfreundlich weiterverarbeitet werden. Bei einigen Siegeln fließen auch die sozialen Aspekte des fairen Handels mit ein. Damit ist zum Beispiel garantiert, dass Menschen, die die textilen Waren produzieren, menschenwürdige Arbeitsbedingungen und eine Existenz sichernde Bezahlung bekommen.

Im Internet finden Sie ausführliche Informationen zu den verschiedenen Biosiegeln.

Meterware mit Biosiegeln sind im gut sortierten Fachhandel erhältlich, sicherlich nicht in riesiger Auswahl, aber in klassischen Qualitäten und Farben.

Um konkrete Beispiele zu nennen: Stoffe von den Herstellern Westfalenstoffe, Rowan, Bealena, Gütermann und Free Spirit sind optimal für Anfänger geeignet.

10 *Schwere Stoffe*

Diese Stoffe sind dicker und schwerer und werden häufig für die Bekleidung im Winter, aber auch für Wohndeko verarbeitet. Schwierig wird es für den Anfänger dann, wenn die Stoffe in mehreren Lagen kaum unter das Füßchen passen, Aus diesem Grund machen Sie eine Probe: Legen Sie beim Kauf dicker Stoffe vier Lagen des Stoffs übereinander und überlegen Sie, ob Ihre Maschine diese Stärke problemlos bewältigt und auch Sie damit zurechtkommen.

Besonders gut zu verarbeiten sind Walklodenstoffe, ebenso Frottier und nicht zu dicker Jeansstoff. Auch fester Jersey- oder Doublejersey, Wachstuch und Vorhangstoffe sind anfängertaugliche Materialien.

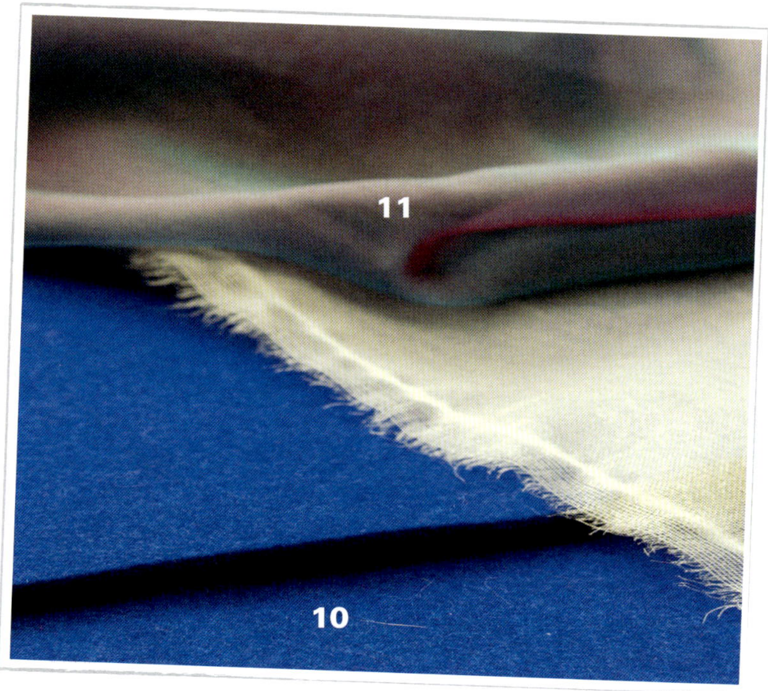

Gut zu wissen

Verarbeitungstipps für schwierige Stoffe

- Reduzieren Sie beim Nähen feiner und leichter Stoffe die Stichlänge auf 1,5–2,5 mm, so wird der Stoff besser transportiert.
- Arbeiten Sie mit einer dünnen Nähmaschinennadel in der Stärke 60 oder 70.
- Rutscht der Stoff beim Zuschneiden auf dem Tisch, legen Sie ein Leinentuch darunter.
- Damit sich am Nahtanfang der Stoff nicht in die Stichplatte zieht, halten Sie die Anfangsfäden fest bzw. ziehen Sie diese leicht zur Rückseite der Nähmaschine, bis Sie etwa 5 cm genäht haben.
- Transportiert die Maschine den Stoff fehlerhaft, legen Sie einen Streifen ausreißbares Stickvlies unter die Naht und bei Bedarf einen zweiten Streifen darüber. Das Vlies lässt sich einfach von der Naht wegreißen.

Stoffe für Fortgeschrittene

11 *Sehr leichte Stoffe*

Ein Gewicht von 100–150 g haben viele der leichten Sommerstoffe aus Baumwolle, Leinen oder Viskose. Auch diese sind für den Anfänger noch geeignet. Schwieriger wird es dann bei den sehr leichten Stoffen mit 40–120 g aus Seide, Viskose oder Kunstfasern. Diese rutschen leicht weg, was schon das Zuschneiden erschwert. Beim Nähen erfordern Sie viel Fingerspitzengefühl und etwas Erfahrung, außerdem sollten sie mit speziellen Nähten verarbeitet werden.

Tipp: Gerüche oder geringe Verschmutzungen in Wolle oder den anderen Naturfasern verschwinden durch gutes Auslüften, am besten über Nacht im Freien. So sparen Sie die Reinigung, schonen die Umwelt und das Material. Beim Bügeln verwenden Sie am besten ein Bügeltuch und die entsprechende Einstellung.

Einlagen und Stabilisatoren

Früher hatte ich die Einstellung, Einlagen wären steif und somit spießig, also habe ich darauf verzichtet. Durch die Tipps eines Nähprofis habe ich mich eines Besseren belehren lassen. Von ganz weichen Einlagen, die den fließenden Fall eines eleganten Stoffes unterstützen bis hin zu sehr festen und „sperrigen“ Einlagen, mit denen sich Gürtel und Taschen perfekt präsentieren, sind die verschiedenen Einlagen eine echte Unterstützung beim Nähen und für die Optik.

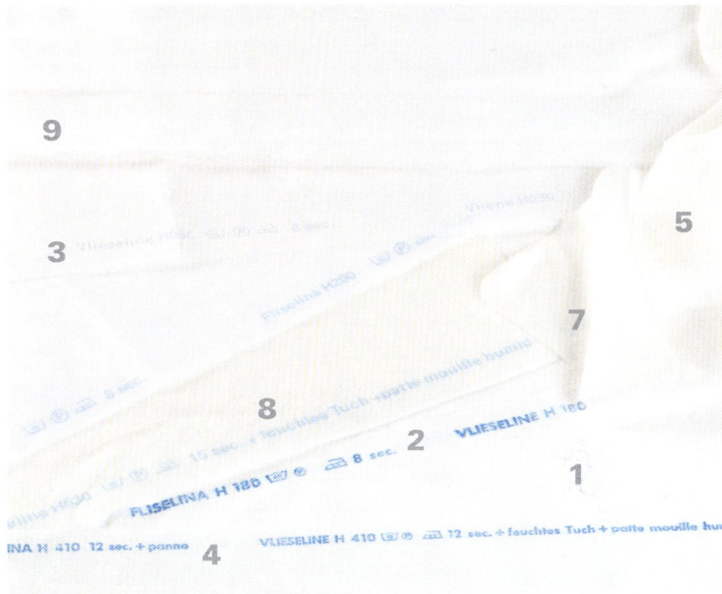

Gewebe- oder Vlieseinlagen

Bei den Einlagenstoffen unterscheidet man zwischen gewirkten = Vlieseinlagen und gewebten Einlagen. Beide Einlagen sind sowohl zum Aufbügeln und Einnähen erhältlich. Die beliebteren und für Anfänger unbedingt empfehlenswerteren sind die Einlagen zum Aufbügeln. Die Einlage sollte immer auf den Stoff abgestimmt sein, das bedeutet, bezüglich

- Qualität des Stoffes (z. B. elastischer Jersey oder Leder)
- Pflegeeigenschaft
- Farbe (Weiß, Schwarz, Grau und Beige)
- Bügeleigenschaft des Stoffes (z. B. reine Kunstfaser)

Aufbügelbare Einlagen

Einlagen, die aufgebügelt werden, sind für Anfänger sehr einfach zu verarbeiten. Beachten Sie dazu die Angaben Ihrer Nähanleitung.

1 *Vlieseline H 180*

ist sehr leicht , weich und eignet sich für feine und weichfallende Stoffe, z. B. für Blusen und Kleider.

2 *Vlieseline H 200*

ist ebenfalls leicht aber mit etwas mehr Stabilität als H 180. Kragen, Manschetten an Blusen und Kleider werden damit verstärkt.

3 *Vieseline H 250*

ist sehr stabil und für Formbünde und -gürtel sowie Bastelarbeiten gut geeignet.

4 *Vlieseline H 410*

hat längslaufende stabilisierende Fäden eingearbeitet, der Griff bleibt dabei weich. Vorderteile von Jacken, Westen oder Krägen und Belege hält diese Einlage in Form. Beachten Sie beim Zuschneiden die Längsrichtung!

5 *Vlieselinie H 608*

ist elastisch und besonders für stabile und schwerere Stoffe geeignet.

6 *Vlieseline G 710*

ist eine aufbügelbare Gewebeeinlage für leichte bis mittelschwere Stoffe, besonders für Kragen und Manschetten.

7 *Vlieseline G 785*

ist für leichte Stoffe, die längs- und/ oder querelastisch sind geeignet, denn sie ist ebenfalls bielastisch. Auch hier bei der Verarbeitung auf den Fadenlauf achten und in Längsrichtung zuschneiden.

8 *Volumenvlies H 630*

ist zum Aufbügeln für leichte bis mittelschwere Stoffe.

9 *Volumenvlies HH 650*

ist ein beidseitig aufbügelbares Volumenvlies, das unentbehrlich für Quilt-und Patchworkarbeiten ist. In einem Bügelgang lassen sich Ober- und Unterseite verbinden.

Darüber hinaus gibt es eine Vielzahl von weiteren Vliesen und Geweben, deren Bezeichnung Sie der Nähanleitung entnehmen.

»

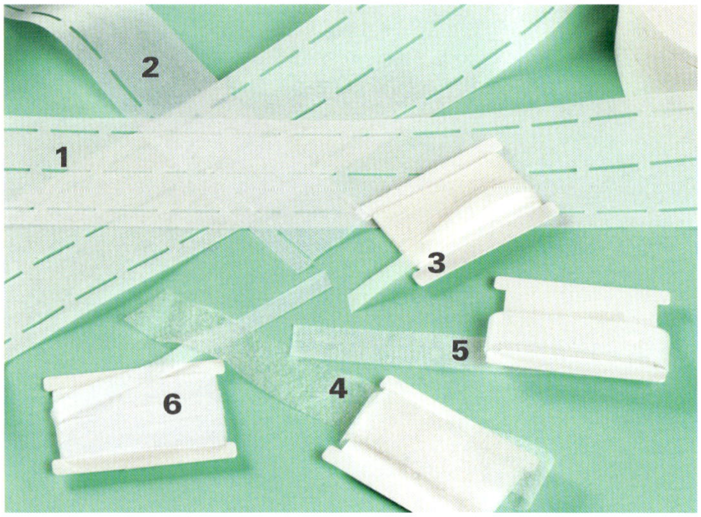

Vorgefertige Nähhilfen

Vliesbänder zum Aufbügeln sind beim Nähen eine große Arbeitserleichterung und sparen viel Zeit.

1 *Bundfix*

ist ein vorgefertigtes Band für den Rock- und Hosenbund, außerdem für Manschetten mit einer fertigen Breite von 2,5 cm, 3 cm und 3,5 cm. Das Band wird auf den Stoffzuschnitt aufgebügelt, dieser lässt sich durch die vorgestanzten Falt- und Nahtlinien ohne Anzeichnen falten bzw. steppen.

2 *Kantenfix*

ist ebenfalls mit einer Stanzlinie versehen, die ein müheloses Umlegen der Bruchkanten ermöglicht z. B. für exakte Knopfleisten, Säume und Blenden.

3 *Nahtband*

wird bei dehnbaren Stoffen an den Schulter-, Hals- und Armausschnitten untergebügelt.

4 *Saumfix*

ist die schnelle Hilfe, um einen Saum ohne Nähen dauerhaft einzubügeln. Es ist auch gut geeignet, um Risse und Löcher schnell mit einem Flicken zu bebügeln.

5 *Kantenband*

ist zur Stabilisierung von Armausschnitten, Revers und vorderen Kanten eine große Hilfe.

6 *Vliesofix T10*

ist eine tolle Lösung zum Verschließen von Wendeschlitzen. Es ist auch in 6 und 25 mm Breite erhältlich.

Bei jeder Nähanleitung finden Sie den genauen Hinweis, welchen Stoff und welche Einlage sich für das Modell eignet. Auch wenn Sie mit der Stoffwahl etwas abweichen, die Stärke der Vliesline verändert sich in der Regel nicht.

Schneiden Sie Vliese und Stabilisatoren mit Ihrer Papier- oder Allzweckschere, keinesfalls mit der Stoffschere, diese wird dadurch stumpf.

Stabilisatoren

Diese Vliese und Folien werden auch Stabilisatoren genannt. Die verschiedenen Hersteller bieten sie unter verschiedenen Bezeichnungen an, deswegen werde ich bei den gleichen Stabilisatoren verschiedene Bezeichnungen aufführen, so finden Sie diese am einfachsten im Fachhandel.

Applikationsvlies

Mit diesen Vliesen können Sie auch fertige Bekleidung oder Wohndeko individuell verzieren. Es ist erhältlich unter der Bezeichnung Thermofix oder Vliesofix. Beide Vliese sind halbtransparent und beidseitig mit einem Klebefilm beschichtet, der sich unter Wärmeeinwirkung mit dem Untergrund verbindet. Vliesofix hat ein zusätzliches Trägerpapier.

1 *Motiv übertragen*

Legen Sie ein genügend großes Stück Applikationsvlies über die Vorlage und zeichnen Sie das Motiv durch. Das Vlies auf die Rückseite des zu applizierenden Stoffes auflegen und mit einem etwas größeren Stück Backpapier (bei Vliesofix das Trägerpapier) vollständig abdecken. Solange überbügeln, bis der Stoff mit dem Vlies verbunden ist. Das Backpapier vorsichtig abziehen. Das Motiv entlang der Kanten ausschneiden und auf dem Untergrund platzieren. Von der rechten Stoffseite erneut bügeln, bis es fest verbunden ist.

2 *Konturen betonen*

Nach Wunsch können Sie die Kanten mit einer Satinraupe oder Geradstichnaht betonen, die Applikation bleibt aber auch ohne Naht dauerhaft kleben und ist waschbeständig.

Auch wenn die Vliese vorrangig als Stickvliese bezeichnet werden, lassen Sie sich nicht täuschen! Gerade für Anfänger sind sie eine große Hilfe, um gute Ergebnisse zu erzielen. Ein Knopfloch wird einfach schöner und perfekt, wenn Sie ein Vlies unterlegen. Möchten Sie etwas mit einer bestimmten Linie oder einem Muster absteppen, zeichnen Sie dieses auf Ultra Solvy und legen das auf die gewünschte Stelle. Einfach nachsteppen und durch Waschen auflösen.

Näh- und Stickvliese

Diese Vliese werden beim Nähen und Sticken verwendet und ermöglichen ein professionelles Ergebnis. Sie verhindern das Ausdehnen oder Zusammenziehen eines Stoffes, vor allem wenn Sie Zierstiche nähen. Bei sehr dünnen Stoffen wie Organza fungieren Sie als Transporthilfe.

1 *Auswaschbare Vliese*

Vliese wie z. B. Soluvlies der Solvy bzw. das etwas stabiliere Ultra Solvy lassen sich nach dem Nähen mit Wasser auflösen. Sie können auch ein Motiv auf das Vlies aufzeichnen, dieses über den Stoff legen und die Linien steppen bzw. sticken.

2 *Abreißbare Vliese*

Tear Easy ist ebenfalls zum Stabilisieren, es lässt sich durch Ausreißen entfernen. Sie können es mit Textilsprühkleber (z. B. KK2000) auf der Rückseite fixieren oder mit Stecknadeln befestigen. Mit Totally Stable ersparen Sie sich den Sprühkleber, denn Sie können es auf die Rückseite aufbügeln und nach dem Nähen ebenfalls ausreißen. Ebenfalls selbsthaftend ist Solufix, das nach dem Nähen oder Sticken mit Wasser aufgelöst wird.
Eine weitere selbstklebende Variante ist Filmoplast, das nach dem Verarbeiten ausgerissen wird.

3 *Hitzelösliche Vliese*

Diese Stabilisatoren, z. B. Heat Away, werden einfach mit dem Bügeleisen aufgelöst. Sie können damit eigene „Gewebe" gestalten, indem Sie z. B. Wollfäden und Stoffstreifen auf dem Vlies anordnen, mit Steppnähten oder Zierstichen dicht kreuz und quer übernähen, dabei wird der Transporteur versenkt.
Gefällt Ihnen Ihre Gestaltung, lösen Sie das Vlies durch Bügeln auf.

Tipp: Es genügt, wenn Sie sich für den Anfang ein Vlies wie Tear Easy zum Abreißen oder Soluvlies bzw. Solvy zum Auswaschen zulegen. Diese Stabilisatoren sind nicht nur beim Nähen von Zierstichen und Applizieren vorteilhaft, sie beeinflussen das Ergebnis auch beim Nähen von dünnen Stoffen oder Knopflöchern sehr positiv.

Kurzwaren

Unter dem Begriff „Kurzwaren“ finden Sie all das, was Sie beim Nähen zusätzlich zum Stoff benötigen, also Verschlüsse wie Reißverschlüsse, Knöpfe etc., aber auch Bänder und Borten. Dabei sind die Verschlüsse in erster Linie notwendig, Bänder und Borten haben meist einen dekorativen Charakter.

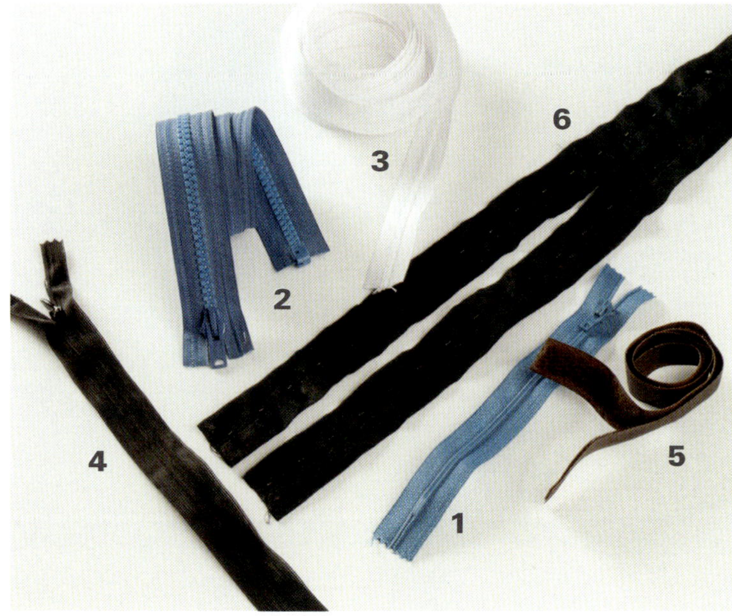

Verschlussbänder

Die Reißverschlüsse werden in erster Linie nach ihrem Verwendungszweck benannt, z. B. Hosen- oder Kleiderreißverschluss. Daran orientieren sich auch die Materialien, aus denen die Zähnchen hergestellt werden, z. B. Kunststoff oder Metall.

1 *Rock- und Hosenreißverschluss*

Der Schieber an Rock- und Hosenreißveschlüsse ist am oberen Ende einhakbar. So wird verhindert, dass sich der Reißverschluss unbeabsichtigt öffnet, was bei einer bundlosen Verarbeitung einen zusätzlichen Haken erübrigt.

2 *Teilbarer Reißverschluss*

Diese Reißverschlüsse lassen sich vollständig öffnen, was für Jacken und Mäntel unverzichtbar ist. Wichtig ist, dass das untere Ende des einen Reißverschlussbändchens fest im Ende des zweiten Bändchens eingesteckt wird.

3 *Endlos-Reißverschluss*

Endlos-Reißverschlüsse bekommen Sie als Meterware mit einem zusätzlichen Schieber. Das Ende können Sie problemlos mit einigen Handstichen über beide Zähnchenreihen fixieren. Besonders gut eignen sich diese Reißverschlüsse für Bettwäsche und Möbelhussen.

4 *Nahtverdeckter Reißverschluss*

Der nahtverdeckte Reißverschluss war lange Zeit nur für die Industrie in der Konfektion verfügbar, seit einigen Jahren ist er auch im Handel erhältlich. Er ist sozusagen mein „Lieblingsreißverschluss“, denn er lässt sich mit jeweils nur einer Naht auf den Bändchen unsichtbar einnähen und bildet eine unmittelbare Fortsetzung der Naht.

5 *Klettband*

Klettband gibt es zum Aufnähen oder Aufkleben in verschiedenen Breiten und Farben. Es besteht aus einer Haken- und einer Flauschbandseite. Es ist in der Sportmode zu finden, aber auch häufig bei Kinderbekleidung und -schuhen, da Kinder diese Art von Verschluss schon sehr früh selbstständig handhaben können.

6 *Haken- und Ösenband*

Haken- und Ösenbänder sind für aneinanderstoßende Verschlusskanten wie z. B. bei Miedern oder der Dirndlmode gemacht.

Reißverschlüsse, mit Ausnahme der teilbaren, können Sie auf jede Länge kürzen. Übernähen Sie die Reißverschlusszähnchen mehrfach mit Handstichen an der gewünschten Länge, danach schneiden Sie die Länge mit 3 cm Überstand mit einer Papierschere ab.

Einzelverschlüsse

1 Haken und Ösen

Zu den Haken-und-Ösen-Verschlüssen gehören jene zum Annähen, die häufig als Abschluss zusätzlich zum Reißverschluss angenäht werden. Bundverschlüsse bestehen ebenfalls aus Haken und Ösen und dienen als Ersatz für einen Knopf am Bundverschluss.

2a Lochknöpfe

Lochknöpfe haben in der Regel zwei oder vier Löcher, drei Löcher sind zwar möglich, aber eher ungebräuchlich. Alle Lochknopflöcher lassen sich übrigens kinderleicht mit der Maschine, auch ohne besonderen Nähfuß, annähen.

2b Stegknöpfe

Stegknöpfe sind besonders bei dicken Stoffen sehr empfehlenswert, da der Steg den erforderlichen Abstand zum Stoff hält. (Löchknöpfe benötigen bei dicken Stoffen einen Steg.)

2c Knöpfe zum Beziehen

Knöpfe zum Beziehen sind ebenfalls Stegknöpfe und wirken sehr dekorativ und falls gewünscht, sehr elegant. Die Rohlinge erhalten Sie in der Kurzwarenabteilung in verschiedenen Größen mit einer ausführlichen Anleitung.

3 Druckknöpfe

Druckknöpfe können angenäht oder eingeschlagen werden, hier gibt es eine Vielzahl an Zierknöpfen, die auf der Außenseite sichtbar sind, z. B. mit Jeansknopfoptik oder auch in verschiedenen Farben bezogen.

Bänder und Borten

Es gibt eine Vielzahl an Bändern, Borten, Spitzen und Bordüren, jeweils abhängig von der Mode und dem Trend. Sie werden aufgesteppt oder in einer Naht mitgefasst.

4 Bänder

Dazu gehören die klassischen Bänder aus Satin und Samt, aber auch Tresse. Bänder erkennen Sie an einem beidseitig geraden Abschluss, sie sind fest und elastisch erhältlich.

Nähen Sie Bänder statt mit Geradstich mit Zierstichen in einer Kontrastfarbe auf. Das ist eine zusätzliche Dekoration mit großer Wirkung.

5 Borten und Bordüren

Gewebt mit Mustern, bestickt, mit Pailletten und Perlen verziert, bei diesen häufig sehr aufwändigen Dekobändern sind der Fantasie – und leider auch den Preisen – keine Grenzen gesetzt. Trotzdem sind sie häufig das Tüpfelchen auf dem i!

6 Spitze

Spitze wird im Ausbrennerverfahren hergestellt oder als echte Spitze gehäkelt oder geklöppelt. Besonders hochwertige Spitzen sollten Sie, falls Sie ein Kleidungsstück aussortieren, austrennen und aufheben, es findet sich sicher an anderer Stelle wieder Verwendung.

Wenn man jung ist, möchte man unbedingt perfekt sein. Später merkt man, dass perfekt gar nicht so interessant ist.

Susan Sarandon

Schnitte

Was kommt zuerst, der Schnitt oder der Stoff? Ich lasse mich gerne von der Optik und dem Griff des Stoffes inspirieren. Das sinnliche Gefühl des Stoffes weckt bei mir eine Vorstellung von dem, was ich daraus nähen möchte. Verführt mich ein Schnitt, versuche ich, bei der Suche nach dem passenden Stoff möglichst flexibel zu sein. Wichtig ist, dass Sie die Schnitte Ihrem Können entsprechend aussuchen, fündig werden Sie in den DIY-Lifestyle-Magazinen mit Fertigschnitten und anderen Vorschlägen zum Selbermachen, in Schnittkatalogen oder Schnittzeitschriften mit Schnittmusterbogen.

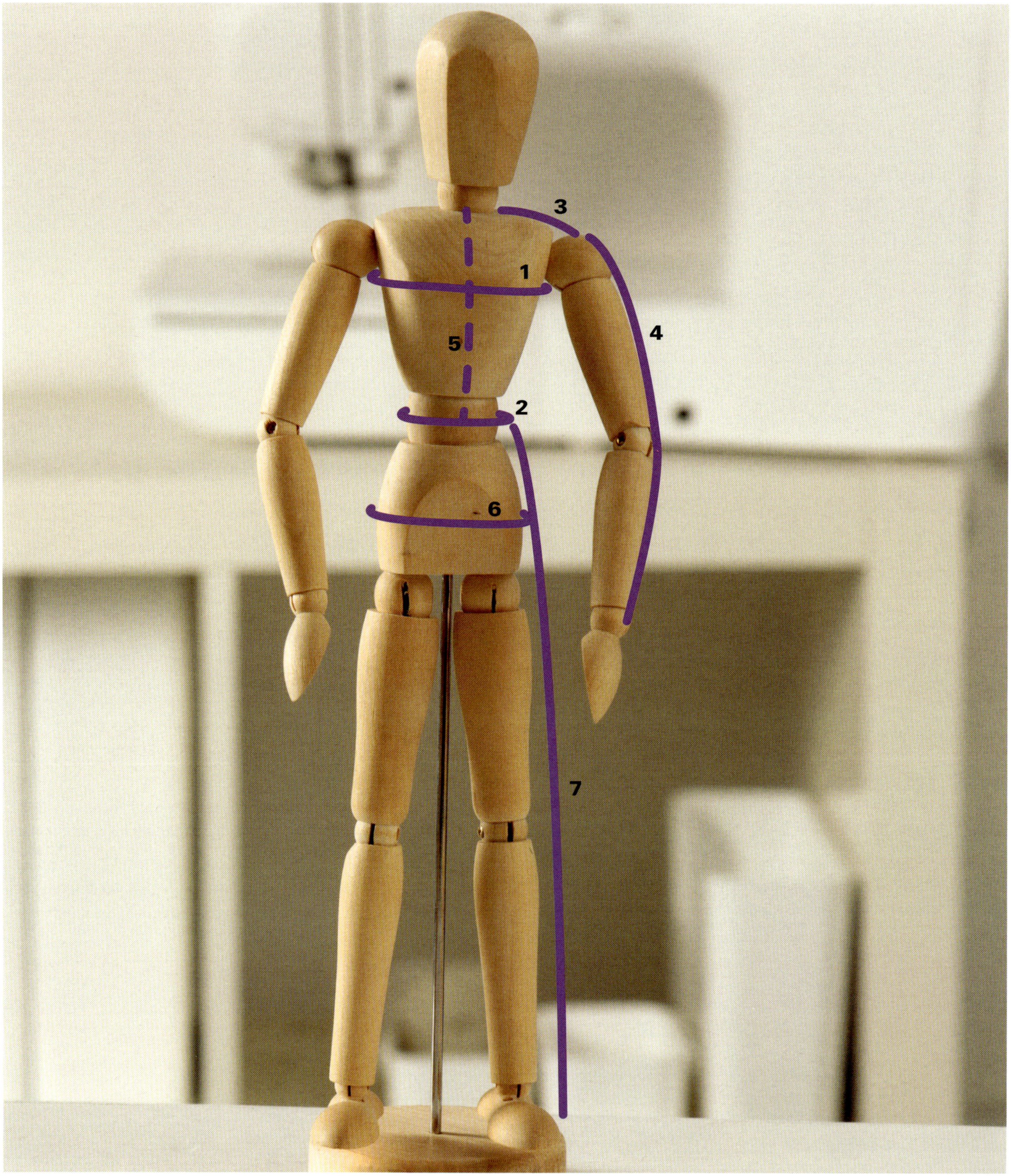
3
1
4
5
2
6
7

Maß nehmen

Maßnehmen ist eine wichtige Vorarbeit beim Nähen – egal, ob es sich um ein Bekleidungsstück oder Wohnaccessoires wie Tischdecken oder Kissen handelt. Damit das Top oder die Tischdecke wie angegossen sitzen, sollten Sie sich die erforderlichen Maße auf einer kleinen Skizze oder mit den genauen Bezeichnungen wie z. B. Taillenweite notieren.

Körpermaße

Maßband

Um diese Maße abzunehmen, benötigen Sie ein weiches, aber stabiles Maßband, falls Sie ein neues kaufen, dann gleich mit einem Schieberegler oder Taillenmaßband mit Druckknopf. Bei diesen Maßbändern sind die Maße in einem „Rähmchen" ablesbar. Sie können Ihre Maße messen und in eine Tabelle notieren, vielleicht mit Bleistift, dann lassen Sie sich auch wieder ändern. Allem voran sollten Sie Ihre Körpergröße messen.

Maße für Oberteile

Folgende Maße benötigen Sie für Oberteile:

1 *Oberweite*

Oberweite oder der Brustumfang wird über dem Rücken nach vorne über dem höchsten Punkte der Brust gemessen.

2 *Taillenweite*

Zum Messen der Taillenweite binden Sie sich eine Kordel um, so haben Sie automatisch die engste Stelle der Körpermitte. Das Maßband in dieser Höhe anlegen.

Für anliegende Modelle wie einen Blazer oder eine Weste benötigen Sie zusätzlich:

3 *Schulterbreite*

Die Schulterbreite wird vom Halsansatz zum äußeren Schulterpunkt gemessen.

4 *Armlänge*

Die Armlänge messen Sie vom äußersten Schulterpunkt mit leicht abgewinkeltem Ellbogen bis zum Handgelenk.

5 *Rückenlänge*

Für die Rückenlänge benötigen Sie erneut die umgebundene Taillenkordel, Sie messen vom 7. Halswirbel, das ist der etwas vorstehend Knochen im Genick bis zur Taillenkordel.

Sollten Sie nach dem Ausmessen Ihrer Maße feststellen, dass Sie zwischen 2–3 Konfektionsgrößen schwanken, dann ist das eher normal und muss ihnen keine Sorgen bereiten. Gerade wenn Sie selbst nähen, können Sie wirklich eine gute Passform mit folgender Lösung erzielen: Ist die Hüftweite z.B. Gr. 42 und die Taillenweite Gr. 36/38, dann verbinden Sie auf dem Schnitt die Hüftweite Gr. 42 mit der Taillenweite, die zwischen Gr. 36/38 liegt. Das geht besonders gut bei Mehrgrößenfertigschnitten.

Maße für Unterteile

Für Röcke und Hosen benötigen Sie zur Taillenweite folgende Maße:

6 *Hüftweite*

Die Hüftweite messen Sie über der stärksten Stelle über dem Po.

7 *Beinlänge*

Die seitliche Beinlänge wird von der Taillenkordel bis zur gewünschten Saumlänge eines Rocks bzw. bis zum Boden für die Hosenlänge gemessen .

Tipp: Ich kenne es selbst aus eigener Erfahrung, deshalb mein eindringlicher Rat: Ein Rock oder eine Hose sitzen nicht besser, weil Sie beim Maßnehmen kurz die Luft anhalten. Das bringt im besten Fall 2 cm auf dem Maßband, aber genau die fehlen Ihnen später immer, um sich mit dem Kleidungsstück wohlzufühlen. Eine Modeberaterin stellte treffend fest, Körpermaße und -gewichte sind nur Zahlen, sonst haben sie keine Aussagekraft. Wichtig ist, dass ein Kleidungsstück gut sitzt und Sie sich damit rundum wohlfühlen.

Schnittmuster

Ein Schnitt bildet die Form des Körpers oder eines Gegenstandes nach. Um aus einem geraden Stück Stoff eine gerundete Form nachzubilden, muss der Schnitt in mehreren Teilen angefertigt werden. Diese Kunst hat sich vom ersten Kleidungsstück bis heute zu einer wahren Kunstfertigkeit entwickelt und basiert auf Sachverstand, große Erfahrung und vor allem das Gespür für die Form. Hut ab vor jedem, der dieses Handwerk beherrscht!

1

2

3

1 *Fertigschnitte*

Für Bekleidung und auch Accessoires wie Taschen sind Fertig- und Mehrgrößenschnitte ideal. Jedes Schnittteil, das Sie benötigen, ist in mehreren Größen aufgedruckt. Sie können die Größen anhand der zugewiesenen Konturen z. B. als Punkt-, Strich- oder Strich-Punkt-Linie erkennen. Überprüfen Sie nach dem Ausschneiden, ob Sie alle Teile ausgeschnitten haben, denn häufig sind Modellvarianten auf dem Mehrgrößenschnittbogen. Stecken Sie anschließend die Schnittteile nach dem Schnittauflageplan auf den Stoff, auch hier die Abstände für die Nahtzugaben mit einplanen.

Fertigschnitte lassen sich nach dem Schneiden nur schwer wieder auf das ursprünglich kleine Maß zurückfalten. Ich falte sie etwas kleiner als DIN A4 und schiebe sie in eine Klarsichthülle. Das Deckblatt des Schnittes mit dem Modell lege ich an erster Stelle, so weiß ich sofort, welcher Schnitt in der Hülle steckt. Sammeln Sie die Prospekthüllen in einem Ringordner, dann haben Sie diese immer parat, falls Sie einen Schnitt erneut nacharbeiten möchten.

2 *Schnittmuster vom Bogen übertragen*

Dafür benötigen Sie ein Kopierrädchen, Schnittpapier und Schneiderkopierpapier. Legen Sie das Schnittpapier auf den Tisch, darüber das Schneiderkopierpapier mit der farbig beschichteten Seite nach unten und darüber den Schnittbogen. Anhand der in der Nähanleitung angegebenen Suchnummern am oberen und unteren Rand des Bogens finden Sie das gewünschte Schnitteil, indem Sie von der Nummer am Rand senkrecht nach oben bzw. unten gehen, bis Sie erneut auf die Nummer treffen, die an einem Schnittteil anliegt. Kopieren Sie alle Konturen und Innenlinien wie Fadenlauf, Abnäher, Ansatzmarkierungen etc. mit dem Kopierrad durch. Welche Angaben Sie für das Schnittteil benötigen, finden Sie auf dem verkleinerten Schnittteil der Anleitung. Nun können Sie das Teil aus Papier ausschneiden und beschriften, wichtig sind auch die Nummer des Teils und die Anzahl, in der es aus Stoff benötigt wird.

3 *Schnittteile direkt auf dem Stoff aufzeichnen*

Um es gleich vorweg zu sagen, ohne Papierschnittteile etwas direkt auf den Stoff aufzuzeichnen, ist nur dann ratsam, wenn Sie Rechtecke oder Kreise, z. B. für ein Kissen, eine Tischdecke, einen Bund oder einen Gürtel benötigen. Sollten Sie die Teile mehrmals benötigen, dann ist es zeitsparender, diese zuerst auf Papier aufzuzeichnen und dann auf Stoff zu stecken. Beginnen Sie mit dem größten Schnittteil und planen Sie den Platz für die Nahtzugaben mit ein. Beachten Sie dabei unbedingt den Fadenlauf der einzelnen Teile. Sind alle Teile aufgezeichnet, überprüfen Sie, ob Sie wirklich alles in der entsprechenden Anzahl haben. Erst dann beginnen Sie zuzuschneiden.

Zuschneiden

Der Papierschnitt ist ausgeschnitten, die Materialien sind eingekauft – nun stehen noch kleinere Vorbereitungen an, um den Stoff zuzuschneiden. Natürlich würden Sie am liebsten sofort loslegen, aber es lohnt sich, diese wenigen Schritte vor dem Nähen noch durchzuführen.

Vorbereitung

Besonders Baumwoll- und Viskosestoffe, die stark einlaufen können, sollten Sie vor dem Zuschneiden waschen und bügeln.

1 *Webkante*

Erübrigt sich das Waschen des Stoffs, liegt der Stoff bei 140 cm Breite bereits doppelt, die Ausnahme bildet dabei Samt. Wurde der Stoff gewaschen, falten Sie den Stoff entlang der Webkanten = Längskanten rechts auf rechts aufeinander, dabei liegt die linke Stoffseite innen. Ergeben sich an der Bruchkante Zugfältchen, bedeutet das, dass die Schnittkante des Stoffes nicht gerade geschnitten ist. Begradigen Sie diese mit einem rechtwinkligen Lineal. Bei locker gewebten Stoffen können Sie auch durch das Ziehen eines Fadens den rechtwinkligen Schnittverlauf bestimmen.

2 *Fadenlauf*

Der Fadenlauf, der bei den Schnittteilen angegeben ist, läuft immer parallel zu den Webkanten. Sie können ihn, falls er nicht durch die Muster- oder Webfäden sichtbar ist, durch Abmessen von der Webkante ermitteln. Einfach zwei entfernt liegende Punkte des Fadenlaufs mit gleichem Abstand zur Webkante ausrichten.

3 *Strich- und Musterrichtung*

Verarbeiten Sie Stoffe wie Samt, Velours, Kord oder Nickysamt, dann haben diese einen Strich. Sie spüren die Richtung, indem Sie mit der Hand über den Flor streichen. Da der Stoff je nach Strichrichtung eine unterschiedliche Farbwirkung hat, heller und dunkler, werden alle Teile mit der gleichen Richtung zugeschnitten. Das bedeutet, die Säume an Vorder- und Rückteil sowie der Ärmel und anderer Schnittteile weisen alle zur gleichen Seite. Gemusterte Stoffe, bei deren Muster oben und unten, z. B. durch eine Beschriftung oder ausgerichteter Motive, klar erkennbar sind, richten Sie die Schnittteile an der Musterrichtung aus.

Tipp: Bei großen Mustern müssen Sie beim Stoffkauf den Rapport = Musterwiederholung zusätzlich zum angegebenen Stoffbedarf dazurechnen. Dier Rapporthöhe ist auf der Webkante des Stoffes aufgedruckt, bei großen Karos müssen Sie den Rapport ausmessen. Benötigen Sie z.B. 1,80 m und der Rapport ist 0,25 m hoch, dann kaufen Sie 2,05 m Stoff.

4 *Symmetrisch gemusterte Stoffe*

Hat der Stoff ein Muster, z. B. mit Ornamenten oder Karos, das nach allen Seiten symmetrisch ist, legen Sie die vordere Mitte des Schnittteils auf die Mitte des Musters. Alle weiteren Teile werden daran ausgerichtet. Bei Karos sollten Sie zusätzlich den Saum immer in der gleichen »

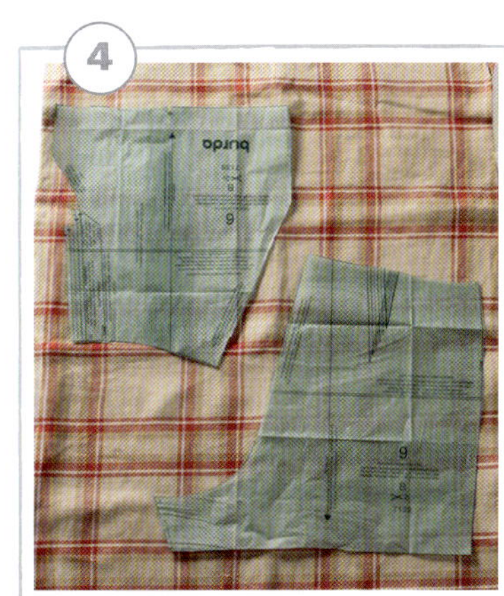

Höhe des Musters beginnen, ganz gleich, ob es sich um Bekleidung oder Wohndeko handelt.

5 *Schnittteile aufzeichnen*

Nun legen Sie die Schnittteile nach dem Schnittauflageplan der Nähanleitung zuerst lose verteilt auf den Stoff. Achten Sie darauf, dass alle Teile in der angegebenen Anzahl eingeplant werden. Haben Sie die Platzierung festgelegt, richten Sie die Papierschnittteile entsprechend des Fadenlaufs auf dem Stoff aus und stecken den Schnitt mit Stecknadeln fest. Zeichnen Sie alle Nahtlinien der Schnittteile, auch die inneren wie z. B. für Abnäher, auf den Stoff auf. Mit dem Handmaß tragen sie um alle Schnittteile herum die Nahtzugaben an. Auf die benötigten Nahtzugaben wird in der Nähanleitung hingewiesen. Fehlen diese, geben Sie in der Regel an Säumen 3–4 cm, an gerundeten Kanten 0,5–1 cm, an Reißverschlusskanten 2 cm und an den übrigen Kanten 1–1,5 cm Nahtzugabe dazu.

6 *Zuschneiden*

Entfernen Sie das Schneiderkopierpapier, falls Sie mit dem Doppelrädchen gearbeitet haben, und schneiden Sie entlang der markierten Schnittlinien die zwei aufeinanderliegenden Stofflagen zu.
Falls Sie die Nahtlinien auf der Vorderseite direkt mit Kreide aufgezeichnet haben, legen Sie Schneiderkopierpapier unter das ausgeschnittene Schnittteil und fahren Sie mit dem Kopierrädchen alle Nahtlinien, Markierungen und Abnäher nach.

Fortgeschrittene ersetzen häufig die Markierungen für die Nahtlinien durch kleine Einschnitte, sogenannte Zwicke oder Knipse an der Nahtzugabe, auch die Lage der Abnäher. Das Ende eines gerade verlaufenden Abnähers können Sie durch senkrechten Durchstecken einer Stecknadel auf das untere Schnittteil übertragen. Markieren Sie auf diesem Teil einen Punkt über der Nadelspitze und verbinden diesen mit den Einschnitten auf der Nahtzugabe.

7 *Einlagen*

Alle Teile, für die Sie Einlagen benötigen, werden auf die gleiche Weise mit den Nahtzugaben wie vorher beschrieben aufgezeichnet und zugeschnitten. Legen Sie die Teile auf die Oberstoffteile bündig auf und bügeln Sie die Einlagen nach den Angaben der jeweiligen Vlieselineart auf.

8 *Futter*

Das Futter wird entsprechend der Angaben der Nähanleitung, die manchmal vom Oberstoff abweichen, zugeschnitten. Achten Sie bitte deswegen auf diese Angaben.

Tipp: Mit einem Doppelkopierrädchen, an dem Sie die jeweilige Nahtzugabe einstellen, und Schneiderkopierpapier, das unter der unteren Stofflage liegt, ersparen Sie sich viel Zeit beim gleichzeitigen Übertragen der Naht- und Schnittlinien. Abnäher und andere Markierungen zeichnen Sie mit dem einzelnen Rädchen durch.

Fachjargon

Als Nähanfänger werden Sie anfangs besonders häufig, später eher seltener auf Ausdrücke in Nähanleitungen treffen, die im ersten Moment unverständlich sind. Auf dieser Seite erkläre ich Ihnen einige Begriffe und hoffe, dass das „Näh-Chinesisch" damit etwas geläufiger wird.

Durchschlagen
Lässt sich ein Stoff aufgrund der Qualität nicht mit Kreide markieren, wird mit doppelt eingefädeltem Faden die Markierungslinie mit Heftstichen, die Schlingen bilden, übertragen und anschließend die Fäden durchtrennt.

Einknipsen
auch Zwick oder Knips genannt. Ein kleiner Einschnitt in der Nahtzugabe, der als **Markierung** statt Kreide dient.

Fadenlauf
Der Fadenlauf ist auf den Schnittvorlagen mit einer Linie und einem Pfeil eingezeichnet. Der Fadenlauf im Stoff verläuft immer parallel zu den Webkanten, an diesen richten Sie den Fadenlauf der Schnittteile aus. Der **„schräge Fadenlauf"** verläuft im 45-Grad-Winkel zu den Webkanten.

Füßchenbreit
Standardnähfüßchen sind von der Mitte bis zum Rand 0,5 cm breit, das bedeutet beim füßchenbreiten Nähen oder **Steppen**, dass die Kante des Nähfußes entlang der Stoff- oder Nahtlinie läuft.

Füttern
Zum Füttern eines Kleidungsstückes werden die Schnittteile ohne **Belege** aus Futterstoff zugeschnitten und wie das Oberteil zusammengenäht. Das Futter wird nach Nähanleitung rechts auf links (z. B. bei engen Röcken) oder rechts auf rechts (z. B. bei Jacken und Mänteln) mit dem Oberteil verbunden.

Mehrweite
Zwei Teile mit unterschiedlicher Länge werden zusammengefügt, dabei hat das längere „Mehrweite", die in der Regel **eingereiht** oder **eingehalten** wird.

Nahtlinie
Auf dieser Linie wird die Naht gesteppt.

Raupe
Eine Raupe oder **Satinraupe** ist eine Naht aus dichten Zick-Zack-Stichen. Man näht Sie an besonders beanspruchten Stellen, damit diese nicht so schnell einreißen, z. B. an Tascheneingriffen oder arbeitet sie zur Einfassung von Applikationen.

Rechts auf rechts
Zwei Stoffteile so aufeinanderlegen, dass die rechten Stoffseiten aufeinanderliegen. Analog dazu werden die Begriffe **„rechts auf links"** und **„links auf links"** gehandhabt.

Saumlinie
Entlang dieser Linie wird die Saumzugabe zur linken Seite geklappt.

Sichern, Verriegeln
Am Anfang und Ende die Naht mit **Rückstichen** oder **Punktstichen** vernähen.

Stoffbruch
An dieser markierten Linie wird der Stoff gefaltet. Eine Linie im Schnittteil mit dieser Bezeichnung bedeutet, dass das Teil beim Zuschneiden exakt am Stoffbruch angelegt werden muss.

Stütznaht
Eine Naht, häufig am Ausschnitt, an Schultern, Belegkanten oder Einschnittlinien, die verhindert, dass sich der Stoff dehnt.

Stufig zurückschneiden
Bei dickeren Stoffen wird eine Seite der Nahtzugabe kürzer als die andere zurückgeschnitten, so lassen sich die Nahtzugaben ohne Wulst in eine Richtung bügeln und tragen nicht unschön auf.

Untertritt, Übertritt
Übereinanderliegende Verschlusskanten, die häufig mit Einlage verstärkt sind. Der Untertritt liegt unten, auf ihm sitzt der Knopf, im Übertritt darüber wird das Knopfloch eingearbeitet.

Verstürzen
Nach dem Zusammennähen zweier Schnittteile wird das Teil gewendet, häufig durch einen **Wendeschlitz** oder eine offene Naht, sodass die Nahtzugaben auf der Innenseite unsichtbar eingeschlossen sind.

Vordere und hintere Mitte
Das sind die **Mittellinien** eines Schnittteils im Vorder- und Rückteil.

Webkanten
Die längslaufende Stoffkante franst nicht aus und unterscheidet sich durch eine dichtere Webart und häufig auch kleinen „Löchern" vom übrigen Stoff. Oft ist die Webkante mit Angaben zum Stoff oder der Herkunft bedruckt.

Zurückschneiden
Nahtzugaben werden häufig nach dem Zusammennähen der Teile auf eine geringere Breite zurückgeschnitten, meisten 0,5 cm.

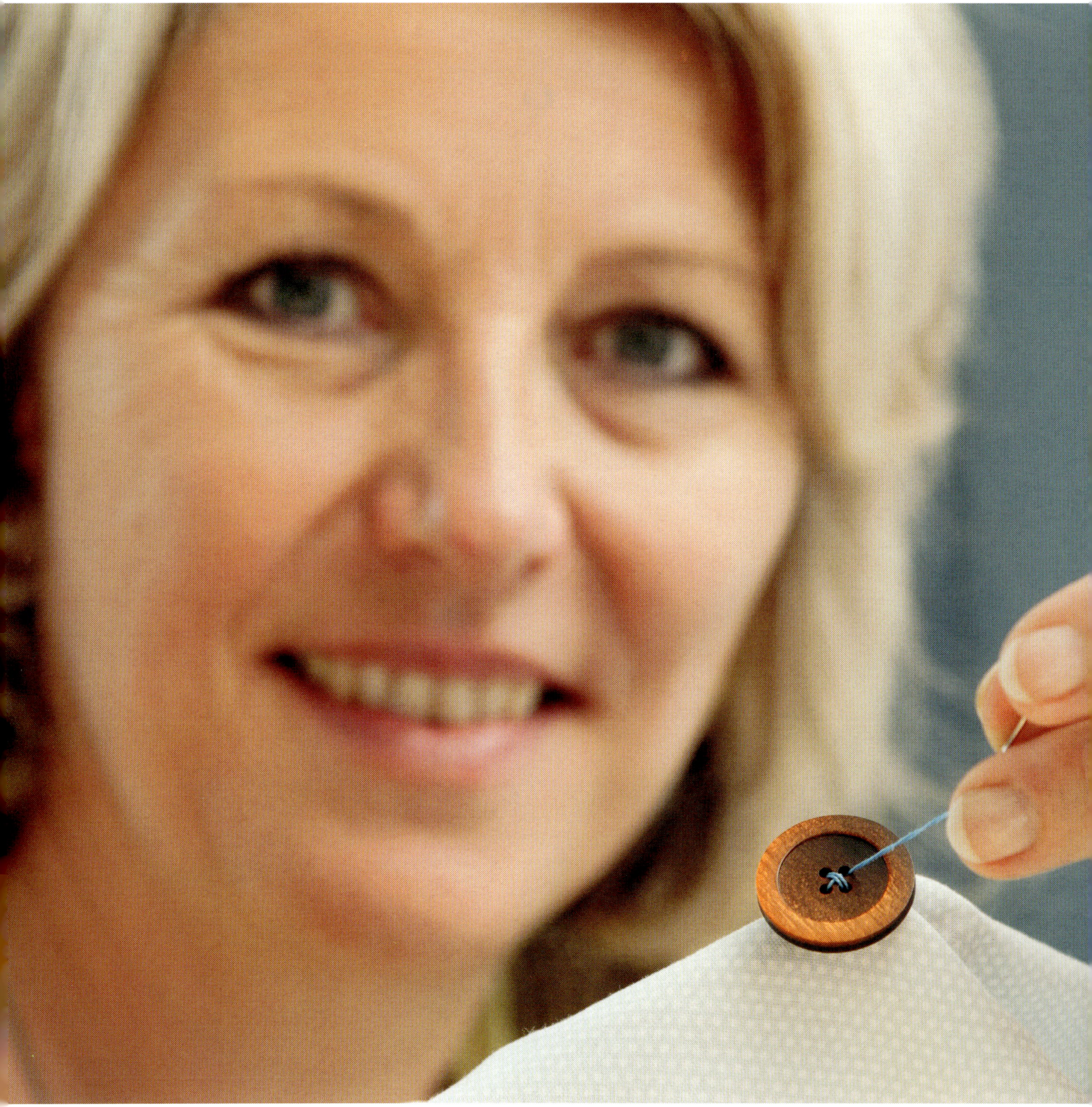

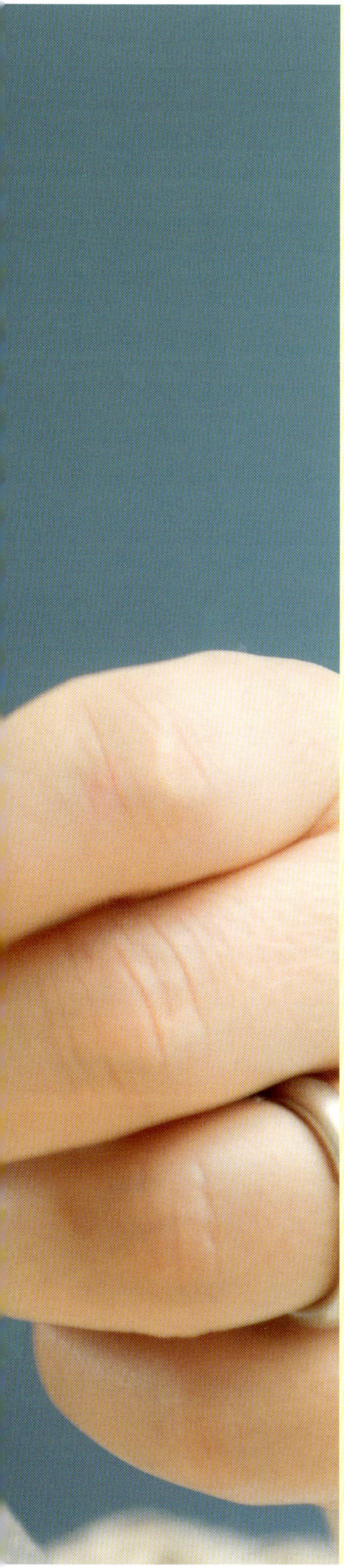

Gute Ideen erkennt man daran, dass sie geklaut werden.
Rudi Carell

Nähen von Hand

Es nötigt mir großen Respekt ab, dass noch vor etwa 200 Jahren alle Kleidungsstücke mit der Hand genäht wurden. Die einfachen Kittel und Hosen der Handwerker und Bauern mussten vielen Belastungen Stand halten. Die großen Roben des Adels und Bürgertums waren aufwändigst mit handgearbeiteten Spitzen verziert, mit Perlen bestickt, jedes Mieder und jeder wallende Rock – alles mit der Hand gestichelt. Ganz ehrlich, ich bin froh, dass es heute gut funktionierende Nähmaschinen gibt!

Handstiche

Manchmal sind Handstiche notwendig, besonders dann, wenn eine handgenähte Naht, eine Verzierung oder auch ein von Hand genähter Riegel einfach besser wirken. Hier finden Sie die häufigsten Sticharten, ihre Bezeichnungen und die Anwendung.

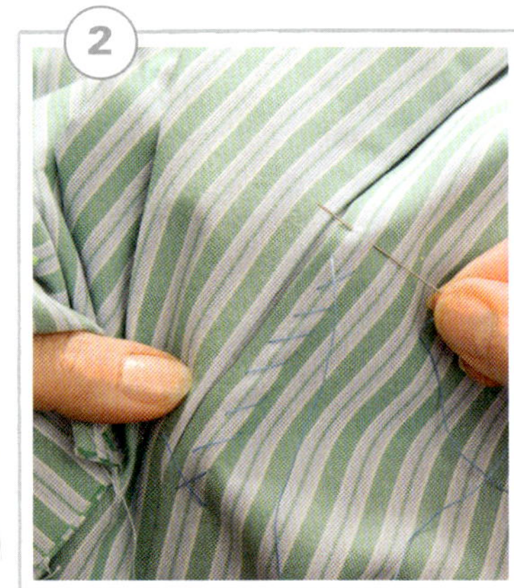

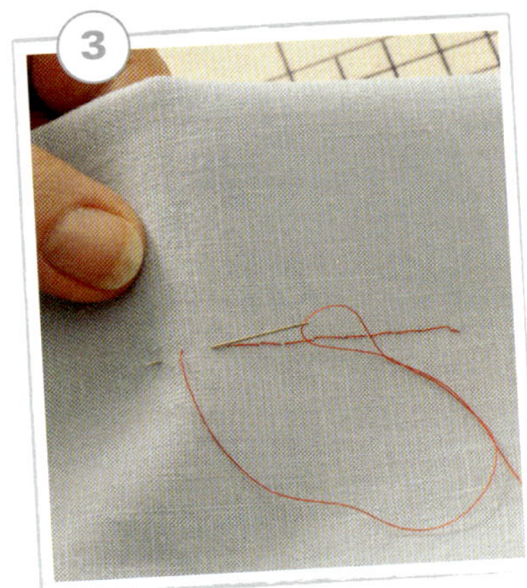

Faden und Nadel

Je nachdem, ob der Stich sichtbar bleibt oder wie beim Heften wieder entfernt wird, wählen Sie einen Heft- oder Nähfaden aus. Die Nadel sollte nicht zu kurz sein und gut durch den Stoff gleiten, das Nadelöhr groß genug für den Faden sein.

Handstiche

1 *Gerader Heftstich*

Anfang und Ende der Heftnaht sichern Sie mit einem Knoten im Faden. Nehmen Sie ein kontrastierendes Garn, das sich deutlich sichtbar vom Stoff abhebt. Wird der Heftstich längs gearbeitet, führen Sie die Nadel von vorne nach hinten und in einem Arbeitsgang wieder nach vorne, dann ziehen Sie den Faden durch. Die Abstände auf der Stoffvorder- und Rückseite sollten ca. 5–10 mm lang sein, je länger die Stiche, umso lockerer ist die Verbindung.

2 *Schräger Heftstich*

Sollen die Heftstiche schräg liegen, stechen Sie von hinten nach vorne auf der linken Seite aus, schräg rechts darüber ein und schieben in einem Schritt die Nadel waagerecht von hinten nach vorne durch.

3 *Rückstich*

Das Stichbild gleicht der Maschinensteppnaht.

Die Nadel von hinten nach vorne am Nahtanfang ausstechen. Mit der Nadel nach einer halben Stichlänge von etwa 2–3 mm auf der Nahtlinie einstechen, die Nadel in gleicher Länge auf der Rückseite in Nahtrichtung vorwärts von hinten nach vorne ausstechen. Faden anziehen, mit der Nadel am Ende des letzten Stiches wieder einstechen. Von der Rückseite in doppelter Länge von 4–6 mm nach vorne wieder ausstechen, Faden anziehen. Nun im weiteren Verlauf immer an der Ausstichstelle des letzten Stiches einstechen und in doppelter Länge wieder ausstechen.

4 *Blindsaumstich*

Wie der Name sagt, werden damit Säume nahezu unsichtbar festgenäht. Der Saum ist umgebügelt und die Schnittkante versäubert. Fixieren Sie den Faden mit einem kleinen Doppelstich an der Saumkante, genäht wird von rechts nach links. Die Nadel vom Saum nach oben führen, dort 2–3 Fäden des Stoffes aufnehmen und mit 5–6 mm Abstand wieder von hinten nach vorne in die Saumkante einstechen.

5 *Languettenstich*

Mit diesem Stich können Sie Stoffkanten wie z. B. Wolldecken versäubern und verzieren. Seltener werden Sie ein Knopfloch damit nähen, aber auch dafür eignet er sich.

Den Faden auf der Rückseite fixieren und etwas 3–5 mm von der Kante entfernt ausstechen, den Faden durchziehen. Erneut am Ausstichs-

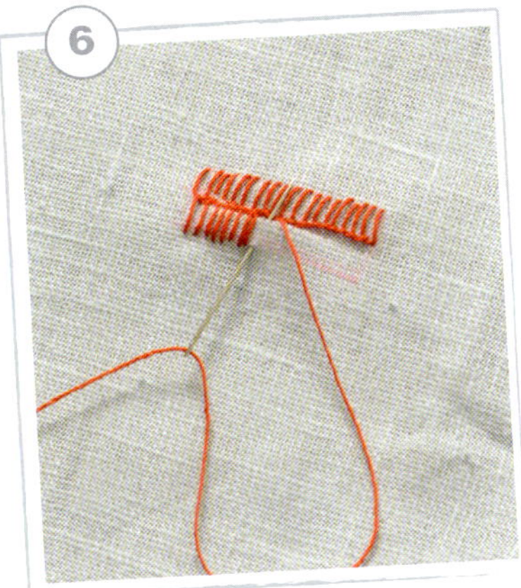

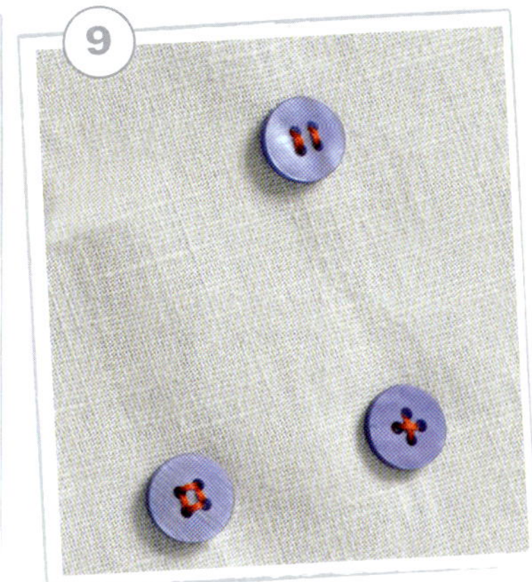

punkt einstechen, die Nadelspitze senkrecht nach oben zur Kante führen, dabei den Faden hinter die Nadel legen, den Faden anziehen. Den nächsten Stich etwa 3–5 mm daneben und mit gleichem Abstand zur Kante wie vorher einstechen.

6 *Knopflochstich*

Werden die nebeneinanderliegenden Languettenstiche ganz dicht ausgeführt, können Sie damit auch ein Knopfloch nähen oder ein ausgefranstes mit der Hand reparieren.

7 *Riegel oder Knopfschlinge nähen*

Riegel und die etwas längeren Schlingen werden als Gegenstück zu einem Haken genäht oder für Knöpfe, die an einer Kante sitzen. Markieren Sie die Länge des Riegels auf dem Stoff. Für die Knopfschlinge stecken Sie mittig zusätzlich eine Nadel mit dem halben Knopfdurchmesser senkrecht ein. Den doppelten Faden fixieren, nach vorne durchstechen und auf der zweiten Markierung ein- und 1 mm daneben wieder ausstechen, zurück zur ersten Markierung und dort wiederholen. 3–4 Fäden in gleicher Länge spannen. Nun von einem Ende aus dicht an dicht bis zum nächsten Ende Languettenstiche über den zusammengefassten Fäden arbeiten. Auf der Rückseite vernähen.

Knöpfe annähen

8 *Zweilochknopf*

Fixieren Sie den doppelten Nähfaden auf der Markierungsmitte für den Knopf. Von hinten nach vorne durch ein Loch stechen und erneut im zweiten Loch nach hinten durchstechen. Diesen Vorgang ca. 6–10 mal wiederholen, beim letzten Stich den Faden auf der Rückseite mit kleinen Stichen und einem Knoten fixieren und abschneiden.

9 *Vierlochknöpfe*

Bei einem Vierlochknopf können Sie jeweils 2 nebeneinanderliegende Löcher parallel durchnähen, die Fäden in der Knopfmitte als Kreuz formen oder ein Quadrat mit den Fäden bilden.

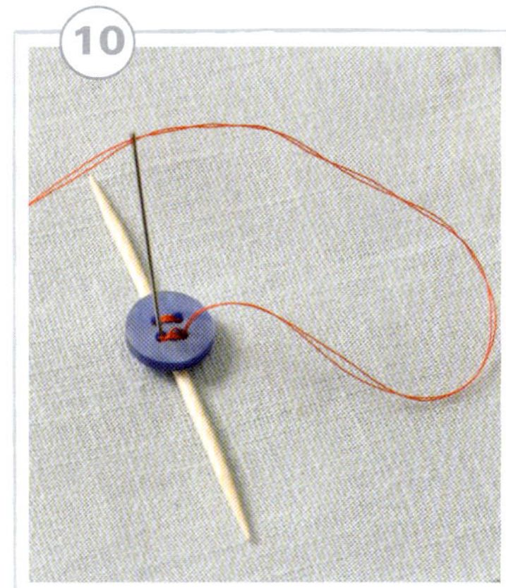

10 *Knopf mit Garnschaft*

Ist der Stoff etwas dicker oder mehrlagig, benötigt der Knopf etwas Abstand zum Stoff.
Fixieren Sie den Faden mit Knoten und kleinen Stichen auf der Rückseite unter dem Knopfmittelpunkt, stechen Sie nach vorne durch. Bevor Sie nun wieder einstechen, legen Sie ein Streichholz oder einen Zahnstocher unter den Knopf. Nach 6–10 Stichen ziehen Sie den Zahnstocher heraus. Wickeln Sie den Faden 3–5mal um die Abstandsfäden und stechen zur Rückseite zurück. Dort die Fäden vernähen.

11 *Knopf mit Steg*

Fixieren Sie das Fadenende auf der Rückseite und stechen Sie nach vorne durch, dabei führen Sie die Nadelspitze durch die Öse des Knopfes. Achten Sie darauf, dass die Öse parallel wie das Knopfloch verlauft. Stechen Sie 6–10 mal durch den Stoff und den Steg im Wechsel, abschließend den Faden auf der Rückseite mit kleinen Stichen fixieren.

Stecken, heften, auftrennen

Vor der ersten Naht müssen Sie die Teile, die verbunden werden, in der Regel stecken oder heften. Eine geübte Näherin kann das durchaus auch ohne, aber einem Anfänger bleibt zumindest das Stecken nicht erspart. Probieren Sie es ohne, werden Sie schnell feststellen, dass am Anfang zwar beide Stoffteile gleich übereinanderliegen, am Ende vom oberen oder unteren Stoff vielleicht noch ein paar Millimeter übrig bleiben, obwohl beide ursprünglich gleich lang waren. Wenn Sie dann die Naht wieder auftrennen, haben Sie keine Zeit gespart, im Gegenteil, es dauert sogar länger.

Schnittteile stecken

1 *Nadeln einstecken*

Werden zwei Teile mit einer Naht zusammengefügt, müssen Sie diese aufeinanderstecken. Das verhindert das Verrutschen der beiden Stoffteile und lässt Ihnen die Möglichkeit, die Stoffteile problemlos durch die Maschine zu führen.
Auch wenn es manchmal anders empfohlen wird, stecke ich grundsätzlich die Stecknadeln quer zur Naht in den Stoff, so können sich die Stofflagen nicht verschieben. Wichtig dabei ist, dass die Nadelspitzen beim Rechtshänder auf der linken Seite, beim Linkshänder auf der rechten Seite der Nahtlinie liegen. Nur so lassen sie sich vor dem Übernähen unkompliziert herausziehen.

Tipp: Bei sehr dicken oder mehreren Stofflagen übereinander die Stecknadeln keinesfalls übernähen, sondern kurz vorher herausziehen. Sonst kann es passieren, dass die Nähmaschinennadel bricht.

Ich persönlich stecke die Nadeln immer im rechten Winkel zur Nahtlinie ein, die Köpfe der Stecknadeln zeigen dabei zur rechten Seite, da ich Rechtshänder bin. So kann ich während des Nähens die Nadeln mit der rechten Hand herausziehen und ins danebenliegende Nadelkissen stecken. Das geschieht fast „blind" und ich nähe währenddessen langsam weiter. Gewöhnen Sie es sich an, die Nadeln immer kurz vor dem letzten Stich herauszuziehen. Wenn Sie die Stecknadeln übernähen, kann sich die Nähnadel verformen oder auch brechen.

2 *Anzahl der Stecknadeln*

Auf jeden Fall werden Nadeln am Anfang und Ende der Naht eingesteckt, die Abstände dazwischen betragen etwa 5–8 cm. Bei Rundungen sollte der Abstand der Nadeln eher etwas kleiner sein. Stecken Sie auch an Ansatzpunkten Nadeln ein, wenn z. B. zwei Markierungen oder Nähte aufeinandertreffen.

Heften

3 *Heftnähte*

Ich selbst meide das Heften so oft wie möglich, lieber stecke ich mehrere Nadeln zusätzlich ein. Wenn Sie zur Sicherheit trotzdem lieber heften (Heftstich, Seite 50), dann sollten Sie die Heftnaht knapp neben der Nahtlinie ausführen.

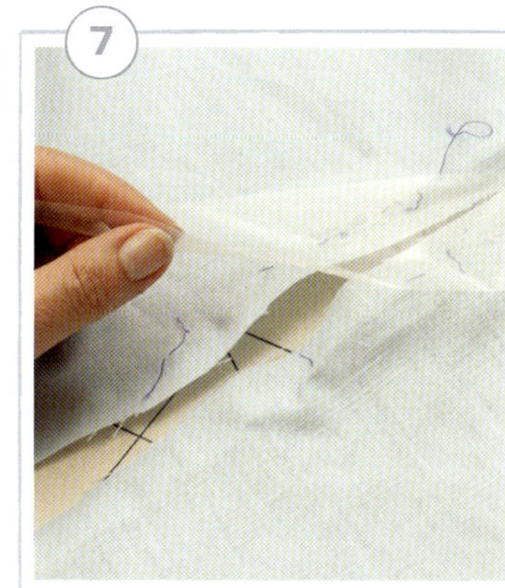

Nur so lässt sich der Heftfaden problemlos herausziehen. Wird er übernäht, spleißt er sich beim Herausziehen und lässt sich nur mühselig entfernen.

Trennen

Eine Naht aufzutrennen, lässt sich manchmal nicht vermeiden, selbst wenn Sie sorgfältig gesteckt und/oder geheftet haben.

Tipp: Heften Sie Teile für die Anprobe zusammen, dann müssen Sie auf der Nahtlinie heften. Sonst verfälscht sich die Passgenauigkeit. Muss nach der Anprobe nichts korrigiert werden, ziehen Sie den Heftfaden erst dann heraus, wenn Sie Stecknadeln eingesteckt haben. So haben Sie danach das gleiche Ergebnis.

Aber auch bei Änderungen fertiger Bekleidungsstücke ist das Trennen einer Naht Voraussetzung.

4 *Trennen mit dem Pfeiltrenner*

Ziehen Sie die Naht ganz leicht auseinander und stechen Sie mit der Spitze des Trenners zwischen zwei Stichen durch. Automatisch liegt das Verbindungskreuz von Ober- und Unterfaden in der Biegung des Trenners, mit der sie die Fäden durchschneiden. Ziehen Sie die Naht weiter auseinander, so lösen sich meisten weitere Stiche, bis es nicht mehr geht, dann erneut den nächsten Stich mit dem Trenner durchschneiden. Ist die Naht durchtrennt, entfernen Sie alle Fadenreste auf der Vorder- und Rückseite.

5 *Trennen mit Schere oder Fadenknipser*

Führen Sie die Spitze der Schere oder des Knipsers unter einem einzelnen Stich und schneiden Sie ihn an. Weitere Stiche in etwa 2–3 cm Abständen durchtrennen. Anschließend wenden Sie die rückseitige Naht nach vorne, der Faden dort ist noch nicht durchtrennt.

6 *Fäden entfernen mit Pinzette*

Heben Sie den Faden evtl. mit einer Stecknadel an und ziehen Sie fest daran, er lässt sich durchgehend herausziehen. So müssen Sie nur die Fadenreste auf der Vorderseite entfernen.

7 *Fadenfuseln entfernen*

Bei sehr feinen Fadenresten können Sie diese mit einem Krepp- oder Transparentklebeband entfernen.

Sollten Sie einmal Leder, Kunstleder oder Lackstoff verarbeiten, dann ergeben die Einstichstellen der Stecknadeln bleibende Löcher. Das können Sie vermeiden, wenn Sie statt Stecknadeln punktuell Textilkleber auftragen. Aber Vorsicht, nur auf den Nahtzugaben, denn Textilklebe ist dauerhaft haltbar. Eine andere Alternative bietet sich mit Klebestreifen als Heftnaht.

brother

*Die Mode übt ihren Ein-
fluss nicht bloß auf Hüte
und Röcke, sondern auch
auf das, was darunter ist.*

Johann Jakob Mohr

Nähen mit der Maschine

Bisher ging es um die Ausstattung und die vorbereitenden Schritte fürs Nähen, nun schreiten wir zur Tat. Im folgenden Kapitel zeige ich Ihnen, wie und wofür Sie die verschiedenen Stiche der Nähmaschine verwenden können. Ich beginne mit den grundlegenden Stichen und Sie werden staunen, wie schnell sich damit dekorative und nützlich Projekte anfertigen lassen, ohne auf eine große Näherfahrung zurückzugreifen.

Taschen aus Filz sind nicht nur der absolute Trend – mit den allerersten Probenähten in Ihren Lieblingsfarben werden sie individuell dekoriert. Hier treten Sie den Beweis an, dass selbst ein Anfänger auf Anhieb ein tolles Modell anfertigen kann. Nicht nur eine Hülle für das Lesegerät, auch für den Laptop, das iPad, ein Handy – oder ein Täschchen für die Brille – alles lässt sich mit dieser Idee umsetzen.

Der Geradstich

Gerade, gerundete und eckige Stepplinien

Modellgröße:

19 cm x 14 cm für einen E-Reader der Größe 17 cm x 12 cm

Sie brauchen:

- 20 cm Wollfilz, 2–3 mm dick oder 20 cm Bastelfilz, 3–4 mm dick, 50 cm breit
- Nähfaden Extra Stark in verschiedenen Farben, alternativ Allesnäher in verschiedenen Farben, zusätzlich in der Farbe des Filzes
- 4 cm Klettband

Hilfsmittel:

- Stecknadeln
- Kreide oder Markierstift
- Maßband

Zuschneiden:

Filz, 46 cm x 14 cm, ohne Nahtzugaben zuschneiden

Der Geradstich ist das A und O des Nähens, denn mit ihm werden zwei oder auch mehrere Teile miteinander verbunden. Darüber hinaus können Sie mit der entsprechenden Stichlänge Nähte einhalten und Mehrweiten einreihen, Applikatioen verzieren oder einfach frei Hand „malen".

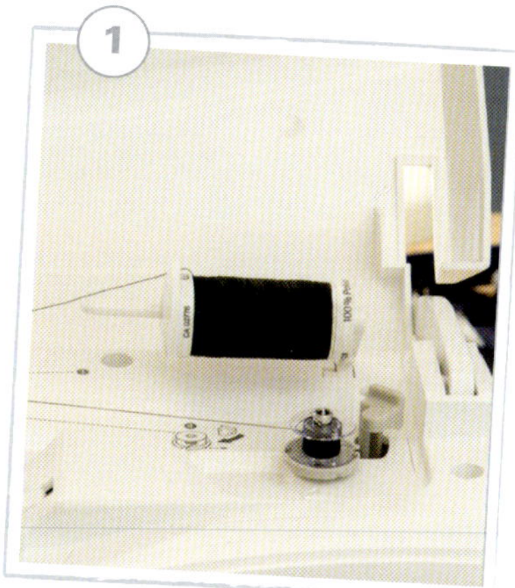

1 *Maschine vorbereiten*

Stellen Sie die Stichlänge auf 3 mm, die Stichbreite auf 0. Spulen Sie den Unterfaden in der Farbe des Filzes auf und legen Sie ihn ein. Nun eine beliebige Garnfarbe als Oberfaden einfädeln, wenn Sie den Nähfaden Extra Stark verarbeiten, müssen Sie eine stärkere Nähmaschinennadel in Nr. 90 oder 100 in den Nadelhalter einsetzen. Unter- und Oberfaden hinter das Füßchen ziehen.

2 *Linien markieren*

Markieren Sie eine oder mehrere beliebige Linien längs auf dem Filzstreifen, am oberen und unteren Rand lassen Sie jeweils 1 cm frei.

3 *Stepplinien nähen*

Schieben Sie den Filz unter das Füßchen, dabei sollte die Nadel über dem Anfang der markierten Linie stehen. Können Sie die Lage schlecht einschätzen, drehen Sie das Handrad der Maschine solange, bis sich die Nadelspitze kurz vor dem Einstechen in den Filz befindet. Verschieben Sie den Filz so, dass sich die Nadel genau über der Linie befindet. Senken Sie das Nähfüßchen und geben Sie langsam mit dem Fußpedal Gas. Führen Sie mit den Händen, die links und rechts ganz leicht auf dem Filz liegen, den Filz in die Richtung, dass die Markierung immer vor der Mitte des Füßchens verläuft. So landet die Nadel immer auf der Linie.

4 *Nahtende*

Erreichen Sie das Ende der markierten Linie, nehmen Sie den Fuß vom Pedal. Heben Sie das Nähfüßchen an und achten Sie darauf, ob der Gelenkarm ganz oben steht, denn nur

»

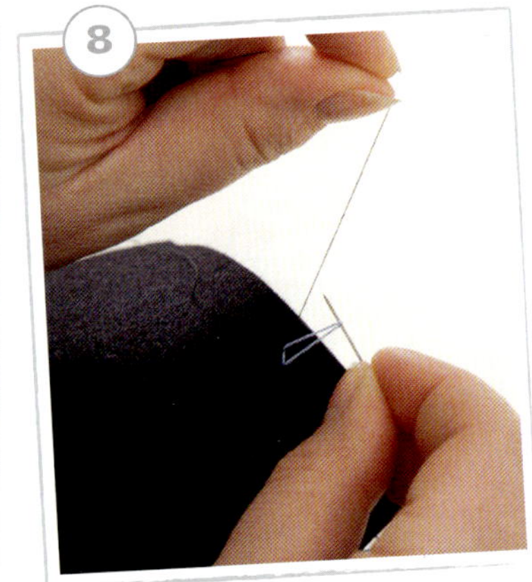

dann steckt die Nadel nicht mehr im Filz und Sie können den Filz zur Seite wegziehen.

5 *Weitere Stepplinien*

Markieren Sie weitere Linien, setzen Sie mit der Nadel wieder mit 1 cm Abstand nach der Kante an, und nähen Sie wie unter Schritt 4 und 5 beschrieben die Stepplinien. Die nachfolgenden Linien können Sie auch ohne Markierung frei Hand nähen. Rundungen erhalten Sie während des fortlaufenden Nähens durch langsames Drehen des Filzes zur Seite. Steppen Sie mehrere Linien in einem bestimmten Bereich oder über den gesamten Filzstreifen, achten Sie darauf, dass Sie dabei die herabhängenden Fäden am Anfang und Ende nicht übersteppen. Am besten, Sie legen diese immer zur linken Seite.

6 *Ecken steppen*

Markieren Sie eckige Linien auf dem Filzstreifen. Setzen Sie die Nadel wieder an den Anfang der Linie und steppen Sie bis zur ersten Ecke. Drehen Sie das Handrad, bis die Nadelposition den tiefsten Punkt erreicht, also die Nadel im Stoff steckt. Nun heben Sie den Nähfuß an und drehen den Filz mit eingestochener Nadel in die gewünschte Richtung. Den Nähfuß wieder senken und die Naht fortsetzen.

7 *Variante*

Wenn Sie mehrere verschiedene Farben für die Steppnähte wählen, dabei bleibt der Unterfaden immer gleich, wird die Gestaltung sehr lebendig und farbenfroh.

8 *Fäden verknoten*

Um die Nähte zu fixieren, werden der Unter- mit dem Oberfaden auf der Rückseite verknotet. Dafür ziehen Sie am Unterfaden (dieser hat die Farbe des Filzes), dadurch zieht sich eine kleine farbige Schlinge des Oberfadens auf die Rückseite. Stechen Sie mit einer Nadelspitze in die Schlinge und ziehen Sie den gesamten Oberfaden zur Rückseite. Unter- und Oberfaden mehrmals miteinander verknoten. Alle Fadenenden auf diese Weise vernkoten.

Bei den meisten Nähmaschinne können Sie die Nadelposition „oben“ und „unten“ wählen. Das bedeutet, wenn Sie beim Nähen stoppen, bleibt die Nadel an der gewählten Position im Stoff stecken bzw. ganz oben stehen. Wenn Sie eine Ecke nähen, stellen Sie die Position „unten“ ein und nähen bis zur Ecke. Heben Sie dann das Füßchen, drehen Sie den Stoff in die gewünschte Richtung und senken Sie das Füßchen. Setzen Sie die Naht fort. Achtung, am Ende der Naht können Sie den Stoff erst dann wegziehen, wenn Sie die Nadelposition per Knopfdruck oder mit dem Handrad nach oben gestellt haben.

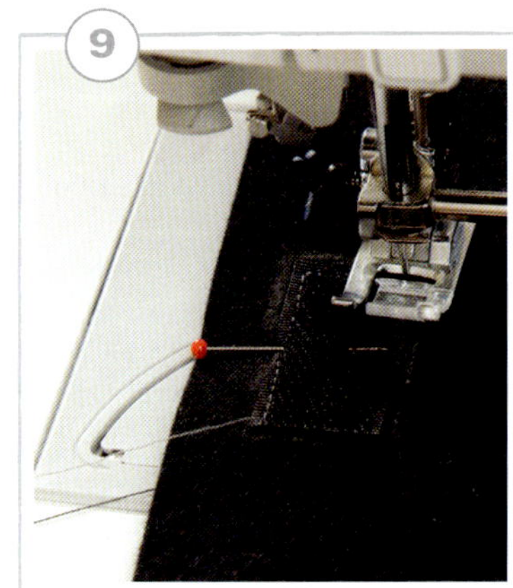

9 *Klettband aufnähen*

Stecken Sie die Hakenbandhälfte mit 1 cm Abstand mittig auf die linke Seite des Filzstreifens, die Flauschbandseite mit 4 cm Abstand auf die rechte Seite des Streifens, ebenfalls in der Mitte. Nähen Sie mit gleichfarbigem Ober- und Unterfaden das Klettband mit einer Steppnaht entlang der Kanten auf.

10 *Taschenstreifen aufeinanderstecken*

Klappen Sie den Streifen so aufeinander, dass ein Ende, das die Klappe bildet, 9 cm lang übersteht. Die Seiten liegen genau aufeinander.

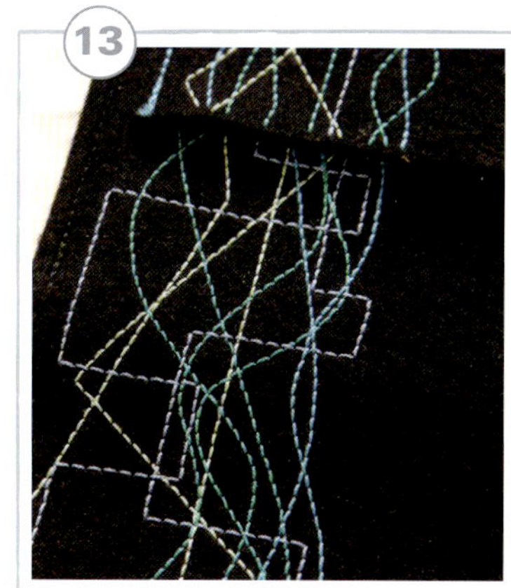

Stecken Sie die Kanten mit Nadeln aufeinander und bügeln Sie die untere Bruchkante, am besten mit viel Dampf und festem Druck des Bügeleisens.

11 *Nähte verriegeln*

Beginnen Sie die Naht an der unteren Bruchkante. Senken Sie das Füßchen so auf den Filz, dass der äußere Rand des Füßchens mit dem Filzrand übereinstimmt.

Das Vernähen oder Verriegeln der Nähte am Anfang und Ende ist die schnellere Methode statt die Fäden zu verknoten. Damit erreichen Sie dauerhaft, dass sich die Naht nicht auflöst. Falls Sie einen kontrastierenden Faden verwenden, wird die Verriegelung allerdings sichtbar.

Außerdem lassen Sie etwa 1 cm Abstand zur Bruchkante. Bevor Sie nun die Verbindungsnaht steppen, drücken Sie den Knopf zum Rückwärtsnähen. Dieser befindet sich meistens im Bereich des Gelenkhebers am Gehäuse der Nähmaschine rechts von der Nadelführung. Geben Sie wenig Gas und steppen Sie etwa 4–5 Stiche rückwärts. Den Knopf loslassen und schon steppt die Maschine wieder vorwärts, am besten genau über den vorherigen Stichen.

12 *Nähte schließen*

Steppen sie entlang der seitlichen Kante die vordere und rückwärtige Taschenseite mit einer Schließnaht aufeinander, die Kante des Füßchens läuft dabei genau auf der Kante des Filzstreifens, das wird auch als „füßchenbreit“ bezeichnet. Am Ende die Naht mit Rückstichen verriegeln. Die zweite Taschennaht ebenso steppen.

13 *Hülle fertigstellen*

Schneiden Sie alle verriegelten und verknoteten Fäden dicht am letzten Stich ab. Die Knoten können Sie zur Sicherheit mit einem Tropfen HT2-Textilkleber fixieren. Falten Sie die Klappe über die Tasche und drücken Sie das Klettband fest. Abschließend die Tasche mit aufgelegtem Bügel-

Gut zu wissen

Taschenzuschnitt für andere Hüllengrößen ermitteln

Messen Sie mit einem Maßband den Umfang des Geräts und notieren Sie diesen als Breitenmaß.

Legen Sie nun das Maßband längs um die Vorder- und Rückseite des Geräts und notieren Sie dieses Maß als Längenmaß.

Für den Zuschnitt teilen Sie das Breitenmaß durch 2 und geben noch 2 cm für die Nahtzugabe und die Einschubzugabe dazu. Zum Längenmaß rechnen Sie die Länge der Klappe, z. B. je nach Größe des Gerätes oder Ihres individuellen Designs 6–15 cm dazu.

Markieren Sie den Streifen auf dem Filz in der errechneten Länge und Breite. Schneiden Sie das Rechteck mit der Schere, besser noch mit dem Rollschneider zu.

Die Lage der Klettbänder ermitteln Sie so: das Hakenband immer auf der linken Klappenseite mittig mit 1 cm Abstand zum Rand aufnähen. Die Flauschbandseite auf der rechtenTaschenseite ebenfalls mittig aufsteppen. Abstand zur Kante = Klappenlänge minus 1 cm.

Schließ- und Ziersteppnähte

Persönliches Schlüsselband

Modellgröße:

110 cm x 2 cm plus Karabiner

Sie brauchen:

- Reste von gestreiftem und gemustertem Baumwollstoff
- 120 cm Zackenlitze, ca. 0,7 cm breit
- Gürtelschnalle mit Steg ohne Dorn, 2,5 cm breit
- Karabiner mit Halbring, 2,5 cm breit
- Allesnäher in passender Farbe
- bei Bedarf Rest Vlieseline H 180 oder H 200

Hilfsmittel:

- Bügeleisen
- Schere oder Rollschneider
- Maßband
- Kochlöffel
- evtl. dicke Häkelnadel

Zuschneiden:

Streifen, 2x je 112 cm x 4 cm aus verschieden gemusterten Stoffen, inkl. 1 cm Nahtzugabe

Beim vorherigen Projekt haben Sie sich in der Führung der Nahtlinien in gerundeter und eckiger Form geübt. Nähte und Ziersteppnähte sind der nächste Schritt, Sie fertigen mit den „Übungsnähten" ein Schlüsselband an.

1 *Nahtlinie markieren*
Markieren Sie auf einer linken Stoffseite der Streifen die Nahtlinie 1 cm breit. In der Mitte einer Längskante markieren Sie einen ca. 10 cm langen Abschnitt für den Wendeschlitz.

2 *Streifen stecken*
Stecken Sie beide Stoffstreifen rechts auf rechts aufeinander, dabei die Stecknadeln im rechten Winkel zur Nahtlinie einstecken.

3 *Naht steppen*
Steppen Sie die Streifen entlang der Nahtlinie aufeinander, als Stichlänge wählen Sie 2,5 –3 mm. Beginnen Sie an der Markierung des Wendeschlitzes, sichern Sie den Nahtanfang mit Rückstichen und steppen Sie die Längs- und Querkanten aufeinander. Etwa 2 cm vor und nach jeder Ecke verkürzen Sie die Stichlänge auf 1,5 mm. Am Ende sichern Sie die Naht mit Rückstichen, der Schlitz zum Wenden des Streifens bleibt offen.

4 *Nahtzugaben zurückschneiden*
Bügeln Sie die Nahtlinien aus. Schneiden Sie nun die Nahtzugaben etwa 0,5 cm breit neben der Naht weg, die Ecken schneiden Sie im 45-Grad-Winkel bis etwa 2 mm vor die Naht weg.

5 *Streifen wenden*
Bilden Sie am Ende eines Streifens eine kleine Tasche, indem Sie die Nahtzugaben zur Innenseite schieben. Nehmen Sie den Kochlöffelstiel

und drücken Sie ihn in die Tasche und immer weiter in Richung des Wendeschlitzes, bis die rechte Seite des Streifens im Schlitz zu sehen ist. Ziehen Sie die Hälfte des Streifens durch den Schlitz heraus. Dann führen Sie diesen Arbeitsschritt mit dem zweiten Ende des Streifens ebenso durch, bis der Streifen komplett gewendet ist.

6 *Ecken ausformen*

Um exakte Ecken an den Enden zu erhalten, nehmen Sie einen gerundeten Stab, z. B. eine dicke Häkelnadel, schieben diese durch den Schlitz bis zur Ecke und formen damit die Ecken gut aus. Anschließend die Bandkanten gut bügeln, dabei die Nahtzugabe an der offenen Schlitzkante in Nahtzugabenbreite zur Innenseite falten.

7 *Füßchenbreit oder schmalkantig absteppen*

Die Kanten werden zusätzlich mit einer Ziersteppnaht rundum verziert. Dafür senken Sie das Füßchen bündig mit der Bandkante auf den Stoff. Wenn Sie nun die Kanten in dieser Breite absteppen, ist das eine „füßchenbreite" Naht. Hätten Sie lieber weniger Abstand der Ziersteppnaht zur Kante, so können Sie die Nadelposition nach rechts in Richung der Bandkante verändern. Das bewirkt, dass der Abstand der Naht geringer wird, die Auflagefläche des Füßchens schließt aber trotzdem mit der Bandkante ab. So wird die Führung vereinfacht. Beim Übersteppen des Schlitzes wird dieser gleichzeitig verschlossen. Sollten Sie eine weitere, parallele Naht mit etwas Abstand zur ersten Ziersteppnaht durchführen wollen, versetzen Sie die Nadelposition in Richtung der Bandmitte, auch hier schließt die Füßchenkante bündig mit der Bandkante ab.

8 *Litze aufsteppen*

Stecken Sie entlang der Mittellinie die Zackenlitze auf die Aussenseite des Bandes, Anfang und Ende der Litze schlagen Sie etwa 0,5 cm breit unter das Band. Steppen Sie die Litze mittig auf das Band.

9 *Schlüsselband fertigstellen*

Schieben Sie den Halbring des Karabiners etwa 6 cm über das Band und falten Sie das Band um. Das kurze Bandende feststecken und mit einer Quernaht feststeppen = verriegeln. Von der zweiten Bandseite her die Gürtelschnalle einfädeln und in Richtung des Karabiners schieben. Nun das zweite Bandende zur Schlaufe falten und durch die Gürtelschnalle schieben, dabei das Band von hinten nach vorne über den Steg und wieder nach hinten schieben.

Der Vorteil dieses Wickelrocks ist, dass er keine Bewegung einengt und noch dazu kinderleicht zu nähen ist. Außerdem bringt er an heißen Sommertagen einen leichten Windhauch an die Beine. Sie können mit einer Rüsche aber auch einen fertigen Rock verlängern und romantisch aufpeppen.
Den Schnitt ist in der Länge und Weite beliebig für jede Größe zu verändern, in der Weite benötigen Sie 1,7-fache Hüftweite, so haben Sie genügend Breite für die übereinanderliegenden Vorderteile.

Einhalten, einreihen und kräuseln

Schwingender Wickelrock

Kleidergröße:

Größe 36/38
Rocklänge ca. 50 cm

Sie brauchen:

- 45 cm geblümter Baumwollstoff, 145 cm breit
- 25 cm gemusterter Baumwollstoffe, 145 cm breit
- 350 cm hellgrün gemustertes Schrägband, fertige Breite 1,5 cm
- Allesnäher in passender Farbe

Hilfsmittel:

- Stecknadeln
- Bügeleisen
- Kreide oder Textilmarkierstift

Zuschneiden:

Rock, 132 cm x 38 cm

Rüsche, 19 cm x 240 cm

inkl. 1,5 cm Naht- und 3 cm Saumzugabe

(für jede weitere Größe etwa 10 cm Zugabe am Rock, an der Rüsche jeweils 15 cm)

Es gibt sie wieder, die romantischen Stufenröcke oder Kleider im Stil der 1970er Jahre mit weit schwingenden Rockstufen. Die Weite wird durch Stoffstreifen erreicht, die an der oberen Kante eingereiht und -gekräuselt sind, eine dreifache Weite ist hier keine Seltenheit. Das gleiche Prinzip des Einreihens wird bei Rüschen an Kissen oder Vorhängen, aber auch beim Einsetzen von Ärmeln wie z. B. bei einem Puffärmel oder Dirndlblusen benötigt.

1 *Kanten versäubern*

Markieren Sie an den kurzen Stoffkanten der Rockbahn zwei Linien mit jeweils 1 cm Abstand zueinander. Bügeln Sie entlang dieser Linien den Stoff zweimal nacheinander auf die linke Seite. Stecken Sie die Saumkante fest und steppen Sie diese von der rechten Seite her füßchenbreit, das Füßchen läuft entlang der Stoffkante.

2 *Reihnähte der Taille steppen*

Messen Sie entlang der oberen Kante zweimal nacheinander jeweils 35 cm und knipsen Sie die Kante an diesen Punkten 3 mm tief senkrecht ein.

Zum Einhalten der Rockweite in der Taille steppen Sie zwei nebeneinanderliegende füßchenbreite Reihnähte. Dafür stellen Sie die Stichlänge längstmöglich an der Maschine ein von ca. 4–7 mm. Am Anfang und Ende der Reihnähte den Faden herabhängen lassen, dabei Nahtanfang und -ende nicht verriegeln.

3 *Rockbund einhalten*

Verknoten Sie die Unterfäden zweier nebeneinanderliegender Reihnähte dicht am letzten Stich miteinander. Nun ziehen Sie an den Unterfäden des zweiten Nahtendes und schieben den Stoff zusammen. Sie benötigen eine Länge von 92 cm. Haben Sie diese durch Zusammen-

schieben erhalten, verknoten Sie auch die langen Unterfäden dicht am letzten Stich.

4 *Weite verteilen*

Damit die obere Rockweite gleichmäßig auf die Taillenweite verteilt

»

wird, verschieben Sie die Stoffweite so auf den gespannten Unterfäden, dass sie gleichmäßig in Fältchen liegen. Sie können die Verteilung mit dem Maßband überprüfen, die Abstände von den vorderen Kanten bis zu den eingeknipsten Markierungen an der Taille sollten ca. 20 cm betragen. Probieren Sie das Verschieben aus, der mittlere Teil des Stoffstreifens bildet später das rückwärtige Rockteil und die seitlichen Teile werden als Vorderteile übereinandergewickelt.

5 *Wickelbund bügeln und markieren*

Legen Sie die Schmalseiten der Bundstreifen rechts auf rechts, stecken Sie die Teile aufeinander und steppen Sie eine füßchenbreite Naht, dabei Nahtanfang und -ende sichern. Die Nahtzugaben auseinanderbügeln. Nun bügeln Sie die Längskanten des Bundstreifens 1 cm breit zur linken Seite. Anschließend falten Sie die gebügelten Bruchkanten deckungsgleich links auf links und bügeln auch diesen Bruch. Von der Mittelnaht des Wickelbundes beidseitig je 17 cm abmessen und mit Kreide markieren.

6 *Wickelbund heften*

Schieben Sie die obere Rockkante in den gefalteten Bundstreifen, dabei sollten die eingeknipsten Markierungen auf die Kreidemarkierungen am Bund treffen. Stecken Sie den Bund mit Stecknaden durch alle Lagen fest. Heften Sie den Bund etwa 0,5 cm neben der eingefalteten Kante durch alle Stofflagen von Hand.

7 *Bund steppen*

Steppen Sie den Bund schmalkantig von Rockkante zu Rockkante fest. Abschließend die überstehenden Bänder ebenfalls schmalkantig aufeinandersteppen, die offenen Bandenden verknoten und den überstehenden Stoff dicht am Knoten abschneiden.

8 *Rüsche vorbereiten*

Bügeln Sie die Schmalseiten der Rüsche wie die vorderen Kanten des Rockes zweimal je 1 cm auf die linke Seite und steppen Sie diese von rechts fest.

Die Saumkante der Rüsche zuerst 1 cm breit, dann ein weiteres Mal 2 cm breit umbügeln. Den Saum von rechts mit 1,5 cm Abstand steppen, dabei orientieren Sie sich an den längslaufenden Rillen der Stichplatte. An der oberen Kante von beiden Seiten 60 cm abmessen und durch Einknipsen markieren.

9 *Rüsche einreihen*

Steppen Sie zwei Reihnähte mit jeweils 0,5 cm Abstand zur Kante und zueinander, die Fäden am Anfang und Schluss hängen lassen (s. Schritt 3 und 4). Die Weite auf 128 cm einreihen und gleichmäßig verteilen.

10 *Rüsche festnähen*

Legen und stecken Sie die Rüsche rechts auf rechts auf die untere Rockkante. Die Rüsche festheften. Steppen Sie zwischen den Reihnähten die Verbindungsnaht 1,5 cm breit mit Stichlänge 2,5–3 mm, dabei Anfang und Ende der Naht verriegeln. Die Nahtzugaben zusammen in den Rock bügeln und anschließend mit der Zackenschere oder einer Zickzacknaht versäubern (s. Seite 67).

Haargummi

Mit Resten chic gemacht

Modellgröße:

ø ca. 12 cm

Sie brauchen:

- verschieden gemusterte Stoffreste
- ca. 15 cm Elastikgummiband, 0,7 cm breit
- Allesnäher in Kontrastfarbe

Hilfsmittel:

- Stecknadeln
- Sicherheitsnadel
- Lineal
- Kreide oder Textilmarkierstift

Zuschneiden:

Streifen, 10 cm x 30 cm

Schrägstreifen, 2,5 cm x 50 cm

Angaben inkl. Nahtzugabe

1 Markieren Sie auf dem schmalen Streifen mittig zwei Linien mit ca. 1 cm Abstand. Nähen Sie auf den Markierungslinien eine Reihnaht mit längst möglicher Sticheinstellung, die Fäden lassen Sie herabhängen. Kräuseln Sie den Streifen auf 30 cm Länge ein und verteilen Sie die Mehrweite gleichmäßig.

2 Legen Sie den zweiten Streifen längs rechts auf rechts und steppen Sie die Naht 1 cm breit. Die Nahtzugaben auseinanderbügeln und den Streifen mit einer Wende- oder Sicherheitsnadel wenden. Die Naht mittig legen und den Streifen erneut bügeln. Die Nahtzugaben an beiden Seiten zur Innenseite bügeln.

3 Markieren Sie auf der Vorderseite des Streifens zwei Linien mit jeweils 0,5 cm Abstand zur Mitte und steppen Sie einen Tunnel entlang dieser Linien. Legen Sie das gerüschte Schrägband mittig über den Streifen, stecken Sie es fest und steppen Sie es über den Tunnelnähten auf.

4 Ziehen Sie das Gummiband mit der Sicherheitsnadel in den Tunnel. Die Enden übereinandergelegt mit einem Riegel steppen. Die offenen Bandenden aneinanderstoßend mit Handstichen festnähen.

Ein Beutel für die Sportschuhe ist für den Kindergarten und auch die Grundschule eine große Hilfe. Auf Anhieb erkennen die Kinder mit dem applizierten Motiv „ihren" Beutel, aber auch ohne Applikation ist mit einem besonderen Stoff ein Beutel unverwechselbar.

Der Zickzackstich

Beutel versäubern und dekorieren

Modellgröße:

30 cm x 35 cm

Sie brauchen:

- 35 cm Baumwollstoff, 140 cm breit
- 110 cm weiße Baumwollkordel mit ø 0,5 cm
- Allesnäher in passender Farbe

Hilfsmittel:

- Schere
- Stecknadeln
- Kreide oder Textilmarkierstift
- Lineal
- Sicherheitsnadel

Zuschneiden:

Beutelvorder- und -rückseite, 2x je 32 cm x 39,5 cm

inkl. 1 cm Nahtzugabe

Vorlage:

Schnittbogen Motiv 1, Birne

Jede Nähmaschine hat diesen Stich im Programm – egal wie alt oder günstig sie ist. Der Zickzackstich hat zwei variable Einstellmöglichkeiten, denn er lässt sich sowohl in der Länge als auch in der Breite regulieren. Mit dem Zickzackstich werden Kanten versäubert, aber auch gesäumt, gestickt und appliziert. Da der Zickzackstich elastisch ist, können Sie auch dehnbare Materialien damit verarbeiten.

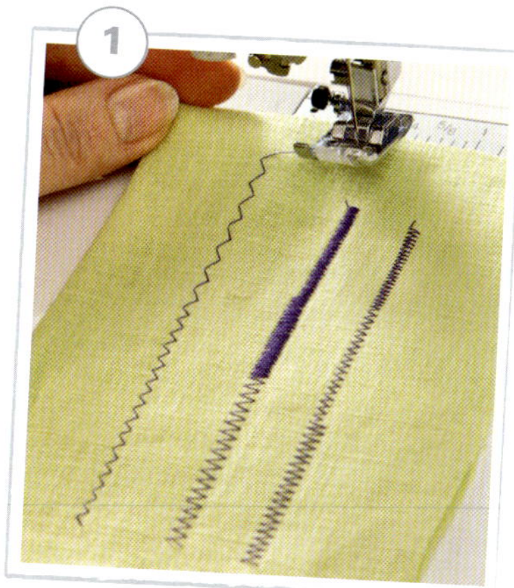

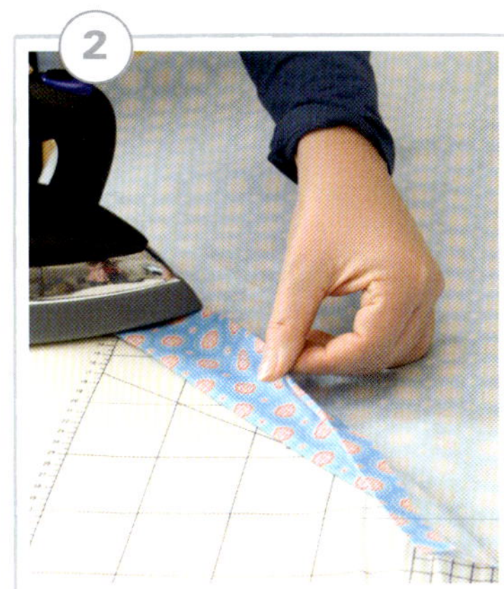

Sie können natürlich jedes beliebige Motiv oder auch den Namen eines Kindes applizieren. Bei Buchstaben und asymmetrischen Motiven darauf achten, dass Sie das Bügelvlies seitenverkehrt auf der Rückseite aufbügeln.

1 *Sticheinstellung zum Versäubern*

Der Zickzackstich wird durch die Stichlänge und -breite eingestellt, in der Regel nimmt Ihre Maschine per Knopfdruck oder Wahlrad die Einstellung automatisch vor. Die Grundeinstellung, je nach Fabrikat, ist bei der Stichlänge 3,5–4 mm, bei der Stichbreite ebenfalls 3,5–4 mm. Ist Ihnen das zu breit oder die Abstände zu kurz, können Sie die Einstellungen jederzeit ändern. Probieren Sie die Einstellung auf einem Probestück aus.

2 *Nahtlinien markieren*

Markieren Sie die Nahtlinie 1 cm breit = Nahtzugabe auf einem Schnittteil des Beutels, dabei an einer Seitennaht mit 3,5 cm Abstand zur oberen Kante einen 2 cm langen Schlitz anzeichnen. Außerdem die Bügellinien der oberen Kanten 1 cm und 2,5 cm breit markieren. Sie können die Umbruchkanten auch gleich einbügeln, das fällt bei den glatt liegenden Teilen leichter: die Kante 1 cm breit umbügeln und ein zweites Mal 2,5 cm breit, danach wieder auffalten.

3 *Applikation vorbereiten*

Übertragen Sie das Motiv auf das Applikationsvlies und schneiden Sie es mit grober Kontur aus. Legen Sie das Motiv auf die linke Stoffseite, decken dieses vollständig mit Backpapier ab und bügeln Sie mit der entsprechenden Bügeltemperatur. Ziehen Sie das Backpapier ab, am besten, solange es noch heiß ist. Schneiden Sie das Motiv entlang der Kontur aus und legen Sie es auf die gewünschte Stelle des Schnittteils. Hier fixieren Sie es durch erneutes Bügeln.

»

4 *Satinraupe steppen*

Die Applikation erhält eine zusätzliche Verzierung mit einer Satinraupe. Das ist ein eng eingestellter Zickzackstich mit Stichlänge 0,25–0,40 mm, die Stichbreite ist frei wählbar, in der Regel sollte sie zwischen 2–4 mm breit sein. Achten Sie darauf, dass die Breite des Stichs zur Hälfte auf der Applikation und zur Hälfte auf dem Untergrundstoff liegt.

5 *Nähte steppen*

Legen Sie die Vorder- und Rückseite des Beutels rechts auf rechts aufeinander und stecken Sie die untere und die beiden seitlichen Kanten aufeinander. Steppen Sie die Naht und verriegeln Sie Anfang und Ende, dabei den Schlitz an einer Seite offenlassen. Die Naht bügeln und anschließend die Nahtzugaben auseinanderbügeln.

Versäubern Sie Kanten mit wenigen Ausnahmen immer erst nach dem Zusammennähen. So sind Sie sicher, dass sich die Teile durch die Zickzacknaht nicht verziehen und exakt aufeinanderpassen.

6 *Kanten versäubern*

Setzen Sie das Füßchen so auf die Stoffkante, dass die Nadel bei einer Stichbreite von 4 mm zur Hälfte, also hier 2 mm, neben der Schnittkante einsticht. Beim Zickzackstich soll die Nadel abwechselnd im Stoff und neben der Schnittkante stechen. Sie können das durch Drehen des Handrades ausprobieren. Das klingt kompliziert, aber keine Sorge, beim Nähen werden Sie schnell ein Gefühl für den richtigen Abstand erhalten.

Senken Sie das Füßchen und starten Sie die Versäuberungsnaht. Die Kanten der Nahtzugaben nacheinander versäubern.

7 *Kante umbügeln*

Falten Sie die oberen Kanten erneut 1 cm und nochmal 2,5 cm breit zur linken Seite. Dabei können Sie sich an den vorher eingebügelten Kanten orientieren. Stecken Sie den Einschlag rundum fest und markieren Sie auf der rechten Stoffseite rundum die Nahtlinie mit 2 cm Abstand. Steppen Sie die Tunnelnaht entlang der Markierung, ausgehend von dem Durchzugsschlitz in der Naht.

8 *Kordel einziehen*

Befestigen Sie die Kordel an der Sicherheitsnadel und schieben Sie diese durch den Schlitz in den Tunnel. Zum Schluss die Sicherheitsnadel lösen und die Enden der Kordel in gewünschter Länge verknoten.

Gut zu wissen

Versäubern

Nicht alle Kanten der Schnittteile müssen versäubert werden. Es ist zwar kein Fehler, aber es kostet unnötig Zeit und verbraucht den Nähfaden. Schnittkanten, die durch zweimaliges Umbügeln wie zum Beispiel an der oberen Beutelkante umgeschlagen werden, müssen nicht vorher mit Zickzackstichen versäubert werden.

Gut ausgestattete Computernähmaschinen haben einen einprogrammierten Stopfstich, der in einem festgelegten Bereich stopft. Wie bei einem Knopfloch lässt sich dieser Bereich beliebig oft wiederholen bzw. ansetzen. Das Versenken des Transporteurs und die weiteren Einstellungen entfallen.

Stopfen mit dem Zickzackstich

Mit dem Zickzackstich besteht die Möglichkeit, Löcher oder dünn gewordene Scheuerstellen zu stopfen. Unsichtbar ist die Stopfstelle zwar nicht, aber Sie können eine Lieblingshose für Kinder eine Zeit lang retten oder auch Arbeitskleidung längerfristig erhalten.

1 Voreinstellung und Vorbereitung

Beim Stopfen muss der Transporteur versenkt werden, sodass der Stoff frei geführt werden kann. Befestigen Sie den Stick- bzw. Stopffuß im Füßchenhalter. Stellen Sie den Zickzackstich mit der Stichlänge 2–3 mm und Stichbreite 3–4 mm ein. Zum Fixieren eines Loches benötigen Sie einen Flicken, der rundum ca. 2 cm größer ist als das Loch selbst.
Bügeln Sie auf den Flicken an den Längskanten Applikationsvlies- bzw. -streifen T6 oder T25 auf, dabei das Trägerpapier nicht abziehen.

2 Flicken fixieren

Ziehen Sie das Trägerpapier ab und legen Sie den Flicken rechts auf links über das Loch oder die Scheuerstelle, anschließend aufbügeln.

3 Loch übernähen

Führen Sie den Stoff mit der rechten Seite nach oben unter dem Nähfuß bei mittlerer Nähgeschwindigkeit in einem Bereich vor und zurück, der etwas größer als der Riss oder das Loch ist. Je schneller Sie dabei den Stoff führen, umso größer wird die Stichlänge und je schneller Sie nähen, desto gleichmäßiger wird das Stichbild. Führen Sie den Stoff immer wieder vor und zurück und anschließend im rechten Winkel dazu.

»

Benötigen Sie einen farblich oder vom Muster her passenden Flicken, um die Flickstelle unauffällig zu gestalten, können Sie diesen hinter einer aufgesetzten Brusttasche oder an den verdeckten Teilen eines Taschenbeutels herausschneiden. Natürlich müssen diese „Löcher" ebenfalls geflickt werden.

Gut zu wissen

Hilfmittel fürs Stopfen

Für diese Arbeiten sind im Kurzwarenhandel divere Hilfsmittel zu kaufen. Für Jeans gibt es den farblich changierenden **Jeansnähfaden** in verschiedenen Helligkeitststufen. Damit lassen sich ungewollte Risse perfekt reparieren.

Stickvlies zum Aufbügeln (s. Stabilisatoren S. 35) fixieren Sie unter einer Scheuerstelle. Haben Sie kein aufbügelbares, dann leistet auch das abreißbare Tear Easy gute Dienste. So werden die Stiche zusammengehalten.

Liegt Ihrer Maschine ein **Stickrahmen** bei, spannen Sie die Flickstelle in den Rahmen ein. So lässt sich der Stoff noch leichter führen.

Ist das Loch oder der Riss so groß, dass sich nichts mehr flicken lässt, dann hilft nur noch eine **Applikation**, die sie rundum entlang der Kanten mit einer Satinraupe (s. Seite 68) fixieren. Natürlich können Sie die Applikation auch selbst mit Stoffresten anfertigen.

Für durchscheinende Scheuerstellen an den Ellbogen gibt es im Kurzwarenhandel **Ellbogenflicken** aus Leder oder Kunstleder. Diese werden aufgebügelt und können zusätzlich mit Hand- oder Maschinenstichen fixiert werden. Zu einem karierten Jacket oder auch Kordsamt oder einer Wolljacke sind diese die perfekte Ergänzung.

Ob für zu Hause, den Wellnessurlaub oder die Yogastunde – eine lässige und bequeme Hose ist einfach unentbehrlich. Die Nähte mit der Overlockmaschine sind im Handumdrehen gemacht, denn es sind insgesamt nur 6 Nähte plus 2 Saumkanten zu steppen – fertig ist die Hose.

Overlock oder Overlockstich

Wellnesshose schnell genäht

Kleidergröße:

Größe 38/40

Sie brauchen:

- 170 cm Nicky- oder Sweatshirtstoff, 140 cm breit
- 30 cm Stretchbündchen als Schlauch, 45 cm breit
- Overlockkonen oder Allesnäher in passender oder kontrastierender Farbe

Hilfsmittel:

- Schere
- Stecknadeln
- Kreide
- Schnittpapier
- Kopierrädchen
- Schneiderkopierpapier

Zuschneiden:

vorderes Hosenbein, 2x

rückwärtiges Hosenbein, 2x

Stretchbündchen in Taillenweite minus 10 cm

mit 1 cm Naht- und 4 cm Saumzugabe zuschneiden

Vorlage:

Schnittbogen A, Teile 1–2

Für dehnbare Stoffe ist die Versäuberung mit dem Overlockstich optimal geeignet, unabhängig davon, ob Sie eine Overlockmaschine haben oder mit den Overlockstich Ihrer Nähmaschine arbeiten. Die Overlockmaschine bietet den zusätzlichen Vorteil, drei Arbeitsschritte gleichzeitig– versäubern, schneiden und verbinden – in einem Arbeitsgang zu erledigen.

Schnitt übertragen und zuschneiden

Übertragen sie die beiden Schnittteile vom Vorlagenbogen mit dem Kopierrädchen und einer weichen Unterlage auf das Schnittpapier. Legen Sie die Schnittteil auf doppelt gelegtem Stoff, bei Nickystoff beachten Sie die Strichrichtung. Die Teile mit 1 cm Nahtzugabe zuschneiden und die Nahtlinien mit Schneiderkopierpapier übertragen. Das Stretchbündchen bei Bedarf senkrecht aufschneiden und auf Ihre Taillenweite minus 10 cm zuschneiden.

1 *Nähen, Versäubern und Schneiden*

Legen Sie die inneren Hosenbeinnähte eines vorderen und rückwärtigen Hosenbeins rechts auf rechts und stecken Sie die Teile aufeinander. Stellen Sie das Füßchen auf die Nahtlinie. Ist das Schneidemesser nicht weggeklappt, wird die überstehende Nahtzugabe beim Nähen weggeschnitten. Die äußeren Hosenbeinnähte ebenso arbeiten. Stecken Sie die Hosenbeine rechts auf rechts ineinander, die inneren

Beinnähte liegen dabei genau überein-ander und schließen Sie die vordere und hintere Mittelnaht.

2 *Rollbündchen nähen*

Falls das Bündchen zerschnitten ist, dieses rechts auf rechts legen, stecken und mit einer senkrechten Naht zum Ring schließen. Markieren Sie mit Kreide auf dem Bündchen die Viertel: Bündchen entlang der Naht zur Hälfte legen und den Bruch markieren. Nun die Markierung auf die Mittelnaht legen, und die seitlichen Kanten markieren. Bündchen links auf links an die Hose stecken, dabei liegt die Naht in der rückwärtigen Mitte, die übrigen Markierungen an der Seiten- bzw. vorderen Naht.

3 *Stretchbund ansetzen*

Bündchen an die Hose nähen, dabei das Bündchen von Stecknadel zu Stecknadel dehnen. Die Saumkanten mit Overlock versäubern und mit der Zwillingsnadel feststeppen.

Zierstiche

Tischset mit Ziernähten

Modellgröße:

30 cm x 40 cm

Sie brauchen:

- 35 cm hellblauen Baumwollstoff, 140 cm breit
- 20 cm signalroten Baumwollstoff, 140 cm breit
- Allesnäher in Hellblau
- Maschinenstickgarn Rayon 40 in Rot und Blau
- 25 cm Stickvlies Tear Easy oder Ultra Solvy

Hilfsmittel:

- Schere
- Kreide oder Textilmarkierstift
- Lineal
- Stecknadeln

Zuschneiden:

Blau und Rot, je 1x 32 cm x 42 cm

Rot, 22 cm x 22 cm

inkl. 1 cm Nahtzugabe

Jede noch so einfache Nähmaschine hält auch einige Zierstiche parat, mit denen Sie dekorative Muster nähen können. In Weiß auf Schwarz wirken Zierstiche modern, den Folklorelook kreieren Sie mit kräftigen, bunten Farben, die Sie zusätzich mit farbigen Samt- oder Satinbändern kombinieren können.

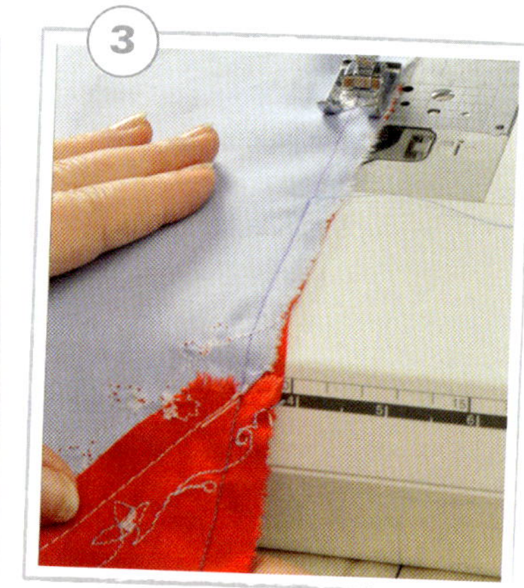

1 *Tischset vorbereiten*
Markieren Sie auf dem roten Quadrat die Diagonale und legen Sie es deckungsgleich auf eine Ecke des blauen Rechtecks. Stecken Sie Nadeln senkrecht zur Diagonale ein und steppen Sie die Naht mit Geradstich 3 mm, dabei Nahtanfang und -ende verriegeln. Beide Stofflagen unterhalb der Naht 1 cm breit wegschneiden, die Nahtzugaben auseinanderbügeln.

2 *Tischset verzieren*
Markieren Sie parallel zur Schrägen mit 1–2 cm Abstand Linien, entweder nur auf dem roten Dreieck oder auf beiden. Fädeln Sie Maschinenstickgarn in die Maschine und legen Sie ein passend zurechtgeschnittenes Stickvlies unter das Tischset; dieses mit Nadeln fixieren oder mit Textilsprühkleber anhaften. Wählen Sie einen beliebigen Zierstich und steppen Sie entlang der Linien. Weitere Muster nach Wunsch auf den Parallelen arbeiten.

3 *Set verstürzen*
Entfernen Sie das Stickvlies durch Abreißen oder mit Wasser. Die bestickte Vorderseite mit einem Bügeltuch und Dampf bügeln. Auf der linken Stoffseite des Vorderteils die Nahtlinie rundum 1 cm breit markieren. Vorder- und Rückseite rechts auf rechts legen und feststecken. Die Naht steppen, dabei einen Schlitz mit ca. 10 cm Länge zum Wenden offenlassen. Die Nahtzugaben 0,5 cm breit zurück- und an den Ecken bis 2 mm vor die Ecke schräg wegschneiden. Die Naht bügeln und das Set durch den Schlitz auf rechts wenden. Die Kanten gut ausformen und bügeln, dabei die Nahtzugaben am Schlitz zur Innenseite falten. Die Kanten des Tischsets rundum schmalkantig absteppen und gleichzeitig den Schlitz schließen.

Wenn Sie beim Verstürzen die Nahtzugaben an den Ecken bis knapp vor die Ecke schräg wegschneiden, lässt sich beim Wenden die Ecke schöner ausformen. Zur Sicherheit können Sie die Stichlänge vor und nach der Ecke auf 1,5 mm reduzieren.

Tischläufer

Mit bestickten Bändern

Modellgröße:

ca. 180 cm x 35 cm

Sie brauchen:

- je 50 cm grün-weiß karierten und gepunkteten Baumwollstoff, 140 cm breit
- 500 cm fertiges Schrägband in Pink, 1 cm breit
- Allesnäher in Weiß
- Baumwollnähfaden in Weiß und Türkis

Hilfsmittel:

- Lineal und Rollschneider oder Schere
- Kreide oder Textilmarkierstift

Zuschneiden:

4x je 37cm x 47 cm mit Punkten und kariert

inkl. 1 cm Nahtzugabe

1 Markieren Sie die Nahtlinien jeweils 1 cm breit auf 4 Schnittteilen. Legen Sie je ein kariertes und gepunktetes Schnittteil entlang der Kanten deckungsgleich rechts auf rechts übereinander, dabei zeigt die markierte Seite nach oben. Stecken Sie die Kanten mit Nadeln aufeinander.

2 Steppen sie von der Mitte einer längeren Kante aus die Teile rundum aufeinander, dabei lassen Sie einen etwa 10 cm langen Schlitz zum Wenden offen. Verkürzen Sie etwa 2 cm vor und nach jeder Ecke die Stichlänge auf 1,5 mm. Nahtanfang und -ende verriegeln, die Naht bügeln.

3 Nun schneiden Sie die Nahtzugaben auf 0,5 cm Breite zurück und an den Ecken schräg bis etwa 2 mm. Das Rechteck durch den Schlitz wenden und die Ecken mit einer stumpfen Häkelnadel gut ausformen.

4 Die Kanten rundum bügeln, dabei die Nahtzugaben am Schlitz nach innen falten. Steppen Sie die Kanten schmalkantig ab, wenn möglich, verschieben Sie die Nadelposition zur rechten Seite.

5 Klappen Sie die Bruchkanten des vorgefalteten Schrägbandes aufeinander und bügeln Sie die Bruchkante. Markieren Sie mit Kreide an den Schmalseiten der vorbereiteten Läuferteile von den Seiten her jeweils 9 cm. Legen sie das Schrägband mit etwa 30 cm Überstand mittig auf dieser Markierung auf und stecken Sie es fest. Führen Sie es nun in geschwungenen Bögen bis zur gegenüberliegenden Seite und fixieren Sie es mehrmals mit Stecknadeln. An der zweiten Querkante liegt das Band erneut mittig auf der Markierung auf, schneiden Sie das Band nach etwa 30 cm ab.

6 Dann stecken Sie das zweite Band ebenfalls auf, vergessen Sie dabei die jeweils 30 cm Überstand am Anfang und Ende nicht. Wählen Sie einen Zierstich, und fädeln Sie den weißen Baumwollnähfaden als Oberfaden ein. Steppen Sie den Zierstich entlang der Mitte des Schrägbandes, dabei auch die herabhängenden Bänder übersteppen. Zusätzlich mit mehren Geradstichlinien, Stichlänge 4 mm, in Türkis übersteppen.

7 Ziehen Sie am Unterfaden solange an, bis der Oberfaden auf der Rückseite eine Schlinge bildet. Ziehen Sie mit einer Nadel die gesamte Fadenlänge der Schlinge auf die Rückseite und verknoten Sie Ober- und Unterfaden mehrmals miteinander.

8 Arbeiten Sie alle Läuferteile wie beschrieben. Wichtig ist, dass die Bänder immer mit 9 cm Abstand zu den Seiten ansetzen. So können Sie die einzelnen Läufer mit kleinen Schleifchen äußerst dekorativ zusammenbinden.

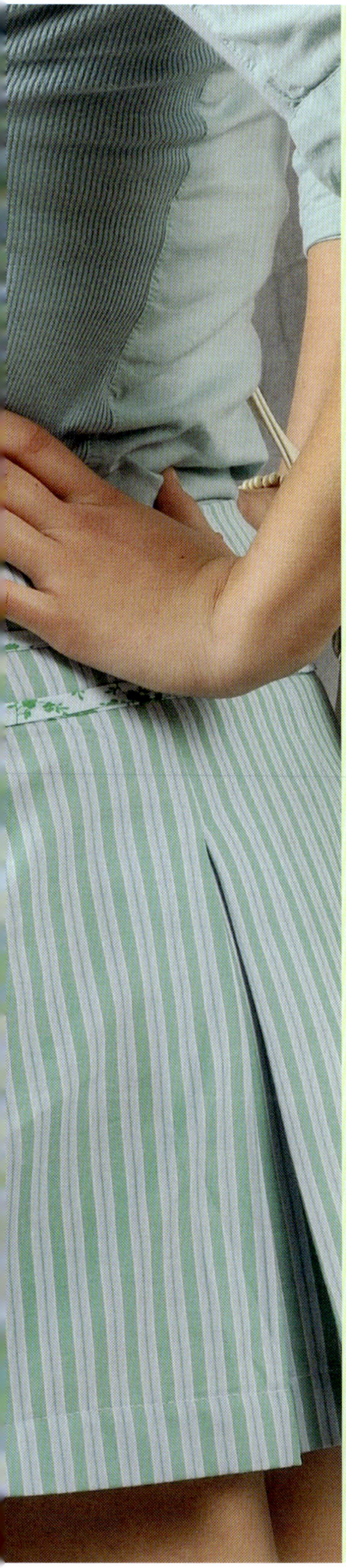

Wenn etwas Altmodisches wieder Mode wird, merken wir, wie bezaubernd unsere Großmütter gewesen sein müssen.

Sigmund Graf

Kanten und Säume

Es gibt eine Vielzahl an Möglichkeiten, Kanten und Säume zu verarbeiten – es würde den Rahmen des Buches übersteigen, Ihnen alle zu zeigen. Auf den nachfolgenden Seiten werden Sie jedoch sehen, wie die Art der Verarbeitung einer Kante oder eines Saumes den Stil eines Kleidungsstückes erheblich beeinflussen kann. So können Sie Ihr kreatives Potential gezielt und individuell einsetzen.

Übersicht Kanten versäubern

Die Schnittkanten von gewebten Stoffen fransen, wenn nicht schon beim Nähen, spätestens beim Gebrauch des fertigen Stückes aus. Auch wenn es manchmal lästig ist, denn Sie wollen sicher schnell fertig werden, müssen einige der Schnittkanten versäubert werden. Kanten von Näharbeiten, die verstürzt oder durch Futter verdeckt werden und doppelt eingeschlagene Saumkanten müssen nicht versäubert werden.

Zackenschere

Das ist die schnellste und einfachste Variante, Stoffkanten zu versäubern. Achtung, grob gewebte Stoffe sind nicht für die Zackenschere geeignet.

1 *Nahtzugaben zurückschneiden*

Beschneiden Sie die Nahtzugaben erst nach dem Schließen der Naht. Am besten, Sie bügeln die Naht und schneiden die Nahtzugaben zusammengefasst weg. Danach können Sie die Nahtzugaben auseinander- oder zu einer Seite gerichtet bügeln.

Tipp: Das Versäubern der Kanten mit der Zackenschere ist besonders bei feineren, aber dicht gewebten Stoffen wie Futtertaft oder Seide geeignet, da sich diese Stoffe beim Versäubern mit dem Zickzackstich leicht einrollen.

Zickzackstich

Diese Art der Kantenversäuberung ist die schnellste Methode der verschiedenen Versäuberungsmöglichkeiten, abgesehen von der Overlockversäuberung. Stellen Sie die Stichlänge auf 2,5–3,5 mm und die Stichbreite auf 3–4 mm.

2 *Zickzackkanten*

Verbinden Sie die Stoffteile mit der Naht. Bügeln Sie die Nahtzugaben auseinander oder zusammen in eine Richtung, je nachdem, was die Nähanleitung vorgibt. Schneiden Sie die Nahtzugaben zurück, erst dann werden die Nahtzugaben versäubert. Idealerweise liegt der Zickzackstich genau an der Kante, der rechte Einstich der Nadel greift ins Leere, der linke Einstich in den Stoff.

Geteilter Zickzackstich

Nicht alle Maschinen haben diesen Stich im Programm, vor allem die computergesteuerten sind damit ausgestattet. Ich persönlich habe ihn noch nie gebraucht, da ich bei elastischen Versäuberungen immer einen Overlockstich oder die Overlockmaschine benütze.

3 Einen großen Vorteil bietet der Stich, wenn Sie Elastikgummibänder auf Stoff steppen. Stecken Sie das Gummiband auf und dehnen Sie es zwischen den Stecknadeln beim Steppen. Danach zieht sich das Band wieder zusammen, inklusvie des Stichs, daher können Sie ruhig die längste Stichlänge wählen.

1

2

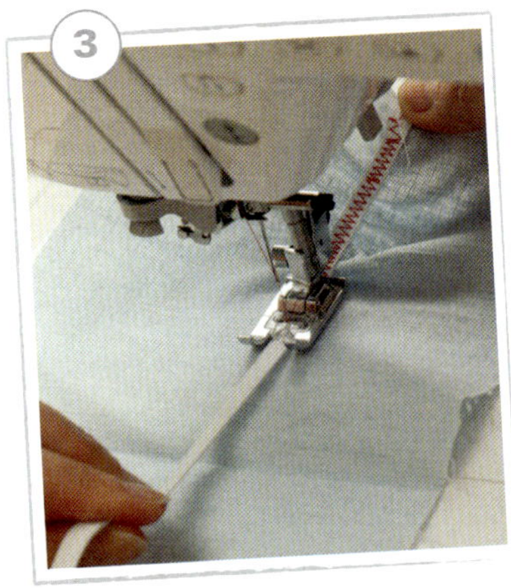
3

Overlockstich

4 *Nähmaschinen-Overlockstich*

Mit dem Overlockstich der Nähmaschine können Sie besonders gut die Kanten von dehnbaren Stoffen versäubern, denn dieser Stich macht die Dehnung mit. Der Stich wird mit Ober- und Unterfaden gearbeitet und bildet den 4-Faden-Stich der Overlockmaschine nach.

5 *Overlockmaschine*

Eine Versäuberungsnaht mit der Overlockmaschine wird mit 4 Fäden gearbeitet, das bedeutet, dass die Naht und die Versäuberungskante besonders haltbar sind. Selbst, wenn nach einiger Zeit der Beanspruchung ein Faden reißen sollte, hat das kaum eine Auswirkung auf die Haltbarkeit der Naht. Mit der Overlockmaschine sind auch 2- und 3-fädige Stiche möglich wie z. B. Rollsäume.

Zugaben umnähen

Diese Verarbeitung ist zeitlich sehr aufwändig, wird aber häufig bei hochwertigen Jacken, Blusenjacken oder leichten Mänteln ohne Futter angewendet. Beim Zuschneiden sind mindestens 1,5 cm Nahtzugabe erforderlich.

6 Steppen Sie die Naht und bügeln Sie die Nahtzugaben auseinander. Anschließend bügeln Sie die Nahtzugaben zusätzlich 3–5 mm auf die linke Seite. Diese Kante steppen Sie mit Geradstich schmalkantig ab, möglich ist auch eine Fixierung der umgebügelten Kante mit dem Zickzackstich.

Tipp: Walk-, Filz- oder Lodenjacken, deren Nahtzugaben zur rechten Seite gearbeitet werden, wirken toll mit eingefassten Kanten aus Satinschrägband. Der Materialkontrast steigert die Wirkung des bodenständigen und tradtitionsreichen Materials.

Nahtzugaben oder Kanten einfassen

Accessoires aus Stoff und Kleidungsstücke, bei denen die Nahtzugaben sichtbar auf der rechten Seite liegen oder die Schnittkanten offen ohne Futter links sichtbar sind, können Sie dekorativ mit Schrägband einfassen. Der besondere Vorteil von Schrägbändern ist, dass sie sich so gut wie jeder Rundung anpassen. Sie sind außerdem eine zusätzliche Dekoration und werten ein selbst genähtes Stück auf.

7 Zum Einfassen gerader oder gebogener Kanten klappen Sie die Bruchkanten des vorgefalteten Schrägbandes aufeinander und bügeln die dadurch neu entstandene Bruchkante. Schieben Sie das gefaltete Schrägband über die Stoffkante bzw. die Nahtzugabe und fixieren Sie es mit Stecknadeln. An Rundungen können Sie das Band zur Sicherheit durch alle Lagen zusätzlich heften. Das Schrägband schmalkantig aufsteppen.

Kanten versäubern sollten Sie immer dann, wenn etwas nicht verstürzt oder gefüttert wird. Es ist sicher ein gewisser Zeitaufwand, aber stellen Sie sich vor, Sie lassen sich aus einer Jacke helfen und Ihr Gegenüber erhascht einen zufälligen Blick auf das ausgefranste Innenleben Ihrer Jacke – das ist ziemlich peinlich. Noch schlimmer wird es, wenn Sie sich behelfen wollen mit der Aussage „Oh, das ist selbst gemacht".

Wasserfall-Shirt

Fertiges Shirt modisch aufgepeppt

Sie brauchen:

- 70 cm weißen Satin, 140 cm breit
- T-Shirt, evtl. mit V-Ausschnitt
- Allesnäher in passender Farbe

Hilfsmittel:

- Kopierrädchen
- Kreide oder Textilmarker
- Schere
- Stecknadeln

Zuschneiden:

Spirale 2 x

zzgl. 1 cm Nahtzugabe

Vorlage:

Schnittbogen A, Teil 3

Einem eher schlichten und preisgünstigen Shirt, auch mit Rundhalsausschnitt, geben sie den gewissen modischen Touch mit der weich fließenden Wasserfallrüsche. Selbst für Anfänger ist das kein Problem. Wählen Sie einen weich fallenden Satin oder Crêpe, besonders edel wird das Outfit aus Seide. Aber auch Viskose läßt sich dafür gut verarbeiten.

1 Haben Sie ein Shirt mit Rundhalsausschnitt, so müssen Sie zuerst den V-Ausschnitt markieren. Am besten, Sie ziehen das T-Shirt an und stellen sich vor den Spiegel. Markieren Sie die Tiefe des Ausschnittes mittig über Ihrem Brustbein. Ziehen Sie das Shirt aus und messen Sie nach, ob der Ausschnittpunkt in der Mitte zwischen den Armlöchern liegt.

2 Haben Sie die Mitte des Ausschnittes festgelegt, müssen Sie nun die Form markieren. Schneiden Sie zuerst am rückwärtigen Halsausschnitt die Kante dicht an der Ansatznaht bis zu den Schultern weg. Von den Schultern aus ziehen Sie eine gerade oder leicht gebogene Linie, die 1 cm oberhalb des tiefsten Ausschnittpunktes endet. Die zweite Seite ebenso markieren.

3 Damit Sie nicht unbeabsichtigt zu viel wegschneiden, schneiden Sie den Ausschnitt mit 2–3 cm Zugabe aus. Bügeln Sie die Zugabe entlang der Markierung zur linken Seite und probieren Sie das Shirt an. Nun können Sie sehen, ob Sie schon genug weggeschnitten haben oder der Ausschnitt zu knapp bemessen ist. Denken Sie daran, der Ausschnitt wird in jedem Fall 1 cm tiefer durch die Ansatznaht!

4 Übertragen Sie das Schnittteil vom Vorlagenbogen auf Schnittpapier und schneiden Sie die Spirale aus. Legen Sie die Papierspirale von der rückwärtigen Mitte des Shirts entlang des Ausschnittes zur vorderen Mitte. Hängt die Rüsche zu lange herab – sie sollte etwa bis zur Taille reichen, dann kürzen Sie das Ende an der rückwärtigen Mitte.

5 Schneiden Sie die Rüsche zweimal zu, die Nahtzugabe beträgt 1 cm. Die Rüsche von der rückwärtigen Mitte probeweise um den Ausschnitt legen. Die rückwärtige Mittelnaht steppen und versäubern.

6 Versäubern Sie die äußeren Kanten mit eng eingestelltem Zickzackstich oder der Overlockmaschine, je nachdem, welche Möglichkeiten sie haben. Ich habe die Rüsche mit Zickzackstich, Stichlänge 1,5 mm und Stichbreite 2,5 mm versäubert. Dabei zieht sich die Nahtzugabe etwas zusammen und es bleiben Fäden vom Gewebe stehen, was Absicht war. Abschließend habe ich die überstehenden Fäden mit geringem Abstand zum Zickzackstich abgeschnitten.

7 Die Rüsche von der rückwärtigen bis zur vorderen Mitte des Shirts rechts auf links auf die Ausschnittkante stecken und 1 cm breit feststeppen. Die Nahtzugaben zusammengefasst versäubern und die Rüsche zur rechten Seite falten und bügeln. Die Nahtzugaben der Rüsche knappkantig auf der Ausschnittkante feststeppen. Die vorderen Enden der Rüsche frei hängenlassen.

Übersicht Säume

Säume finden Sie überall, ob an Wohntextilien, Accessoires oder Bekleidung. Sie bilden einen Abschluss, der den Stil der Textilien betonen soll. Elegant ist ein eher unsichtbarer Saum, z. B. an Röcken und Kleidern, sportlich wirken dagegen kontrastierende Steppnähte.

Abgesteppter Saum

Schnell und mit der Maschine genäht, ist dieser Saum auf der rechten Seite sichtbar.

1 *Stepplinie*

Bügeln Sie die Saumkante entsprechend der Zugaben 1 cm breit um. Anschließend falten Sie den Stoff erneut zur linken Seite in Höhe der Saumlinie und bügeln auch diese Bruchkante. Stecken Sie den Saum mit Nadeln fest, falls Sie ihn von rechts absteppen wollen, markieren Sie auf der rechten Seite die Stepplinie, am besten geht das mit einem Handmaß. Steppen Sie den Saum rundum durch alle Stofflagen fest.

Geklebter Saum

Für ganz Eilige ist diese Saumbefestigung die Lösung. Ich verwende das Saumfix auch dann, wenn ein Saum über eine kürzere Distanz herabhängt und ich gerade keine Maschine zur Hand habe (aber unbedingt ein Bügeleisen).

Gut zu wissen

Saumzugaben

Je nach Saumart benötigen Sie entsprechende Zugaben beim Zuschneiden.

- 1 + 2–4 cm beim doppelt umgebügelten und abgestepptem Saum
- 1,5 – 4 cm beim Saum mit Blindstichnaht
- 3–3,5 cm beim geklebten Saum (Saumfixbreite)
- 0,5–1 cm beim gerundeten Saum
- 2,5–4 cm bei der Briefecke
- 0,5 cm beim falschen Saum

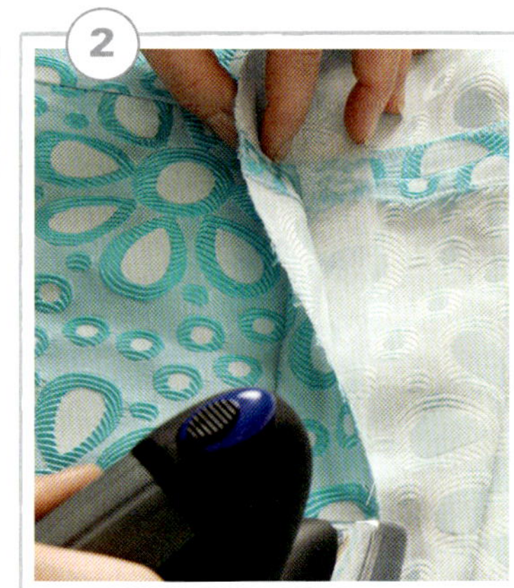

2 *Saumfix bügeln*

Versäubern Sie die Saumkante mit Zickzackstich oder Overlock. Nun bügeln Sie den Saum in Saumbreite um. Klappen Sie den Saum wieder auf, und legen Sie das 3 cm breite Saumfix vom Bügelbruch weg auf die Rückseite des Genähten. Klappen Sie den Saum auf das Saumfix, es darf dabei an der Oberkante nicht herausschauen, da es beim Bügeln am Bügeleisen kleben würde. Sollte das Band zu breit sein, müssten Sie es auf die gesamte Länge schmäler schneiden. Nun den Saum bügeln, fertig!

Blindsaum

Dafür haben die meisten Maschinen ein spezielles Füßchen und einen Blindstich, es funktioniert aber auch mit einem normalen Füßchen. Das Stichprinzip ist wie folgt: Die Maschine näht ca. 3 Stiche auf der Saumzugabe und 1 Zickzackstich, der wenige Fädchen entlang der umgefalteten Stoffkante aufnimmt.

3 *Saum unterklappen*

Falten Sie den Saum in der gewünschten Breite um, stecken und bügeln Sie die Kante. Wenden Sie das Nähstück auf die linke Seite, sodass die gebügelte Saumkante in Ihrer rechten Hand liegt. Klappen Sie diese Saumkante nach links

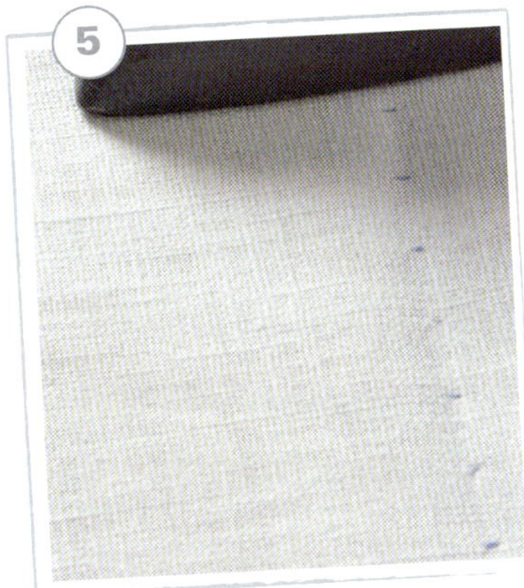

unter die rechte Stoffseite, bis nur noch etwa 0,5–1 cm von der Stoff unter dem Bruch hervorragen (s. Schemazeichnung).

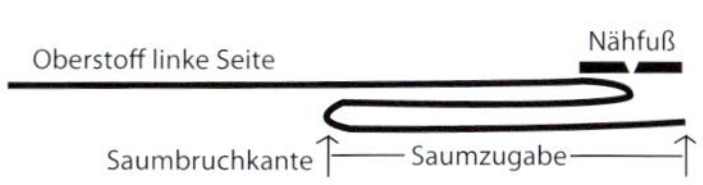

Ich tendiere beim Nähen immer zur schnellsten Methode, und das ist bei den Säumen die Saumverarbeitung mit der Nähmaschine. Scheuen Sie sich nicht, den Blindstichsaum auszuprobieren. Die Faltung klingt erst kompliziert, ist es aber überhaupt nicht und der Saum ist im Nu „unsichtbar" festgenäht.

4 *Blindstich steppen*

Stellen Sie das Blindstichfüßchen so auf den Stoff, dass der Anschlag des Füßchens an der umgefalteten Bruchkante entlangläuft. Achten Sie darauf, wenn die Maschine den Zickzackstich näht, dass immer nur wenige Fäden der Bruchkante aufgenommen werden. Am besten, Sie probieren den Stich an einem Reststoff aus.

5 *Saum bügeln*

Falten Sie den Saum wieder auf und bügeln Sie ihn. Dabei werden die Fädchen, die mit dem Zickzackstich aufgenommen wurden, geglättet. Auf der rechten Seite ist bei dünnen Stoffen ein kleiner Einstich sichtbar, bei dichteren Stoffen ist der Stich so gut wie unsichtbar.

Gerundeter Saum

Bei weit schwingenden Röcken bis hin zum Tellerrock muss die Mehrweite, die umgeschlagen wird, eingehalten werden. In diesem Fall sollte die Saumkante zuerst versäubert werden.

6 *Mehrweite einreihen*

Steppen Sie mit 3–5 mm Abstand parallel zur Saumkante eine Reihnaht mit längstmöglicher Stichlänge. Ziehen Sie die Unterfäden von beiden Seiten an und verteilen Sie die geringe Mehrweite auf die gesamte Weite.

7 *Mehrweite einbügeln*

Bügeln Sie die Saumzugabe entlang der markierten Saumkante zur linken Seite. Die Mehrweite liegt nun zusammengeschoben links auf links. Die Mehrweite mit dem Bügeleisen durch „Andrücken" einbügeln. Von rechts den Saum füßchenbreit mit einer Steppnaht fixieren.

Falscher Saum

Ist etwas zu kurz geraten, weil Sie vielleicht die Saumzugabe beim Zuschneiden vergessen haben oder einfach von der Optik noch ein paar Zentimeter benötigt werden, dann ist der falsche Saum eine tolle Lösung.

8 *Futtersaum ansetzen*

Schneiden Sie einen Streifen aus Futterstoff in der Weite des Saums plus 2 cm mit 4 cm Breite. Schließen Sie den Streifen mit einer Naht zum Ring, die Nahtzugaben auseinanderbügeln. Die obere Kante 1 cm breit umbügeln. Stecken Sie den Ring rechts auf rechts auf die Stoffkante und steppen Sie die Ansatznaht 0,5–1 cm breit.

Den Streifen in der Ansatznaht zur linken Seite klappen und bügeln. Den Saum mit Blindstich oder einer Steppnaht befestigen.

»

Tipp: Manchmal schrumpft beim Waschen der Stoff. Dann ist der falsche Saum, auch bei gekauften Stücken, oft die einzige Lösung, etwas Länge hinzuzumogeln. Dann hilft nur noch, den Saum herauszulassen, zu bügeln und einen falschen Saum anzusetzen.

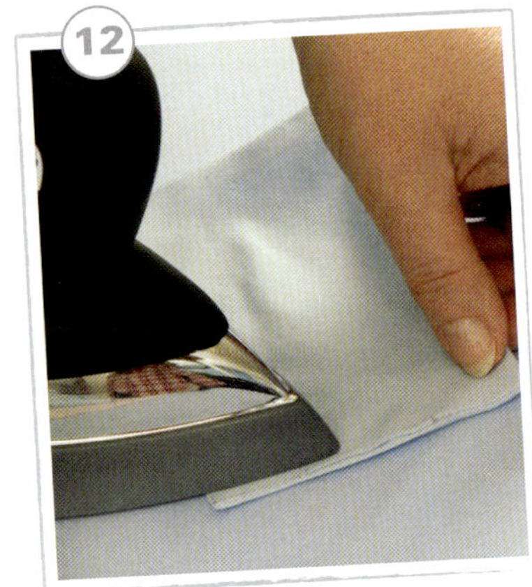

Saumkanten verstürzen

Beim Verstürzen werden die Schnittkanten nach innen gewendet = verstürzt. Besonders häufig wird diese Technik bei Hemdsäumen und Jackenkanten aber auch Vorhängen angewendet.

9 *Umbruchlinien einbügeln*

Versäubern Sie die aufeinandertreffenden Schnittkanten, z. B. an einer Jacke oder einem Schlitz die senkrechte und die Saumkante. Nacheinander die senkrechte Kante und die Saumkante umbügeln und wieder auffalten.

10 *Nahtlinien steppen*

Nun falten Sie die Saumkante rechts auf rechts auf den Oberstoff, die eingebügelte vordere Kante liegt deckungsgleich aufeinander, mit Nadeln feststecken. Steppen Sie die Naht entlang der eingebügelten vorderen Kante. Den Saum auf die linke Seite wenden = verstürzen, die Ecken ausformen und bügeln.

Teile verstürzen

Komplette Teile wie Taschen, Krägen oder Manschetten werden an 3 oder 4 Kanten miteinander verstürzt. Voraussetzung dafür ist, dass jedes Teil 2 x als Schnittteil vorhanden ist.

Die Länge des Schlitzes ist sowohl von der Größe des Schnittteiles, das durch den Schlitz gezogen wird, als auch von der Dicke des Stoffes abhängig. Z. B. genügen für eine Hemdentasche 5 cm.

11 *Teile aufeinandersteppen*

Legen und stecken Sie die Teile – wie hier eine Hemdentasche – rechts auf rechts aufeinander. Markieren Sie einen Schlitz entlang einer Nahtlinie mit einer Länge zwischen 5 und 15 cm. Steppen Sie die Naht, dabei verriegeln Sie Anfang und Ende. Nun die Naht bügeln, die Kante mit dem Schlitz entlang der Naht in eine Richtung falten und bügeln.

12 *Nähstück wenden*

Nun die Nahtzugaben auf 0,5 cm Breite zurück- und an den Ecken bis auf 2–3 mm schräg wegschneiden. Die Tasche wenden. Die Kanten und Ecken gut ausformen, evtl. eine dicke Häkelnadel zu Hilfe nehmen. Die Nahtzugaben am Schlitz nach innen falten und bei längeren Schlitze mit Stecknadeln fixieren. Die Kanten bügeln. Den Schlitz bei Bedarf mit Handstichen schließen.

Gut zu wissen

Wendeschlitz verschließen

Eine tolle Lösung zum Verschließen der Wendeschlitze, z. B. bei Bändern oder dickeren Stoffen ist das aufbügelbare Vliesofix T6 oder T25. Die Zahlen geben die Breite des Bandes an. Für Schlitze benötigen Sie daher hauptsächlich T6. Bügeln Sie vor dem Wenden das Band in Länge des Schlitzes auf eine rechte Stoffseite der Nahtzugabe.

Das Trägerpapier dabei in keinem Fall abziehen, sonst klebt es am Bügeleisen.

Erst wenn Sie nach dem Wenden die Kanten und Ecken ausgeformt haben und die Nahtzugaben auf der Innenseite des Schlitzes liegen, ziehen Sie das Trägerpapier ab und bügeln über die Schlitzkanten. Das beidseitig klebende Vliesofix verbindet durch das Bügeln die Nahtzugaben der Schlitzkanten.

Meistens ist das überflüssig, denn wenn Sie z. B. die Kanten absteppen oder das Teil aufsteppen, werden die Schlitzkanten gleichzeitig geschlossen.

Briefecken nähen

Diese Technik, mit der bevorzugt Wohnaccessoires wie Tischdecken, -läufer oder Servietten verarbeitet werden, geht Ihnen in Kürze leicht von der Hand. Wichtig für ein optimales Ergebnis sind gut bügelbare Stoffe.

13 *Umbruchlinien bügeln*

Benötigt wird eine doppelte Nahtzugabe für den doppelten Saum, z. B. 0,5–1 cm plus 2–4 cm. Die Breite von 2–4 cm ist auf der rechten Seite durch die Nahtlinie sichtbar, sie sollte daher der Größe des fertigen Stücks entsprechen. Für eine Serviette von 40 cm x 40 cm würde ich 1 cm plus 3 cm als Nahtzugabe vorschlagen. Markieren Sie diese beiden Nahtlinien auf der linken Stoffseite. Manchmal genügt es auch, wenn Sie die End- und Mittelpunkte markieren und von diesen Markierungen aus den Stoff im Fadenlauf falten und bügeln.

14 *Schrägen markieren*

Klappen Sie rundum die breite Saumzugabe auf, die schmälere lassen Sie eingefaltet. Markieren Sie durch den inneren Kreuzungspunkt der Bügellinien mit dem Geodreieck eine Linie im 45-Grad-Winkel.

15 *Diagonale steppen*

Falten Sie die Ecken in der Diagonalen aufeinander und steppen Sie von der Bruchkante in der Ecke weg nach außen zur Kante. Nahtende und -anfang dabei verriegeln. Die Nahtzugaben zurückschneiden und die Naht bügeln.

16 *Ecken wenden*

Die Ecken wenden und mit einer dicken Häkelnadel gut ausformen. Alle 4 Ecken auf diese Weise nähen, anschließend die Saumkanten rundum feststecken und bügeln. Die Kanten schmalkantig feststeppen.

Haben Sie kein Geodreieck zur Hand, erhalten Sie die 45-Grad-Linie, indem Sie von den äußeren eingebügelten Ecken die doppelte Länge der Saumzugabe in beide Richtungen abmessen. Diese Punkte miteinander verbinden. Wenn Sie richtig gemessen haben, trifft die Linie genau auf den inneren Kreuzungspunkt der Bügelkanten – so haben Sie ebenfalls die richtige Schräge.

Beutel

Für kleine Geschenke

Modellgröße:

20 cm x 7 cm x 8 cm

Sie brauchen:

- 2 verschieden gemusterte Baumwollstoffe, je 20 cm, 140 cm breit oder Reste
- Reste karierter und gestreifter Stoffe
- 100 cm Satinband, 0,5 cm breit
- mit Stoff bezogener Knopf
- Allesnäher in kontrastierender und passender Farbe
- Broschennadel, optional

Hilfsmittel:

- Sicherheitsnadel
- Lineal
- Kreide oder Textilmarkierstift
- Bügeleisen

Zuschneiden:

Beutel, 2x je 15 cm x 42 cm

Rosettenstreifen gestreift, 3,5 cm x 25 cm

Rosettenstreifen kariert, 3 cm x 18 cm

alle Angaben inkl. Nahtzugabe

Beutel nähen

1 Legen Sie die beiden 42 cm langen Zuschnitte rechts auf rechts. Die Schmalseiten aufeinanderstecken und die Nähte 1 cm breit steppen. Die Nahtzugaben zu einer Seite gerichtet bügeln.

2 Nun legen Sie die Längskanten rechts auf rechts, sodass die gleichfarbig gemusterten Stoffe aufeinanderliegen, die Ansatznähte liegen in der Mitte ebenfalls aufeinander. Stecken Sie die Längskanten aufeinander. Auf dem Stoff, der den äußeren Beutel bildet, markieren Sie beidseitig, von der Ansatznaht weg, Abstände mit 2,5 cm und weiteren 1 cm für den Tunnelschlitz, außerdem auf einer Seite einen 8 cm langen Wendeschlitz mit 8 cm Abstand zur Naht.

3 Die Nähte 1 cm breit steppen, dabei verriegeln Sie Anfang und Ende. Vergessen Sie nicht, die Schlitze offenzulassen. Bügeln Sie die Nahtzugaben auseinander.

4 Markieren Sie durch Bügeln die unteren Bruchkanten = Beutelboden. Falten Sie von der unteren Ecke weg die Seitennaht deckungsgleich auf den Boden und stecken Sie die Ecken mit Nadeln aufeinander. Zeichnen Sie mit dem Geodreieck mit 3 cm Abstand zur Spitze eine Linie im rechten Winkel zur Naht. Steppen Sie nun die Naht entlang der Markierung. Den Stoff bis 0,5 cm zur Naht zurückschneiden und die Naht bügeln. Alle 4 Ecken auf diese Weise arbeiten.

5 Bügeln Sie Vliesofix T6 auf die rechte Seite einer Nahtzugabe am Wendeschlitz, dabei das Trägerpapier nicht abziehen. Wenden Sie den Beutel durch den Schlitz. Jetzt ziehen Sie das Trägerpapier des T6 ab und legen die Nahtzugaben der Schlitzkanten aufeinander. Die Schlitzkanten aufeinanderbügeln. Haben Sie kein Vliesofixband, schließen Sie den Schlitz mit Handstichen.

6 Stecken Sie den inneren Beutel in den äußeren. Markieren Sie an der oberen Beutelkante die Tunnellinien parallel zur Kante mit 2,5 cm und 3,5 cm Abstand. Entlang der Markierung rundum steppen. Nun teilen Sie das Satinband in Hälften und ziehen diese mit der Sicherheitsnadel durch die Tunnelschlitze ein. Die Bänder an den Seiten zur Schleife binden und die Enden herabhängen lassen.

Rosette nähen

1 Versäubern Sie je eine Längskante der Streifen mit je einer Zickzackraupe, Einstellung Stichlänge 0,25 mm, Stichbreite am breiten Streifen 3,5 mm, am schmalen Streifen 2,5 mm.

2 An beiden Längskanten je eine Reihnaht steppen, die jeweils bei der Nahtzugabe beginnt und endet, die Fäden hängenlassen. Die Schmalseiten rechts auf rechts legen und aufeinandersteppen, die Nahtzugaben zusammengefasst versäubern und bügeln. Die Reihfäden fest anziehen, sodass sich die Rosette formt. Die Fadenenden fest miteinander verknoten. Die beiden Rosetten mittig aufeinanderlegen und den bezogenen Knopf über der Mitte festnähen. Falls Sie die Rosette mit einer Broschennadel arbeiten wollen, dann nähen Sie sie darauf fest. Ansonsten nähen Sie die Rosette mit Handstichen auf dem Beutel fest.

Niedlich anzusehen sind die Babylätzchen, über die sich jede Mama freut. Es genügen einige Stoffreste und im Handumdrehen haben Sie ein nettes Geschenk für junge Eltern. Hier können Sie alle Techniken für Schrägstreifen anwenden – an Geraden, Innen- und Außenrundungen und an Ecken.

Schrägbänder und Streifen

Babylätzchen eingefasst

Modellgröße:

20 cm x 25 cm

Sie brauchen:

- Reste von Baumwollstoffen mit verschiedenen Mustern
- Allesnäher in passender Farbe

Hilfsmittel:

- Schere
- Lineal
- Rollschneider und Schneideunterlage
- Kreide oder Textilmarkierstift
- Stecknadeln

Zuschneiden:

Vorder- und Rückseite, je 1x, zzgl. 1 cm Nahtzugabe

ca. 100 cm Schrägband, 5 cm breit

Vorlage:

Schnittbogen A, Teil 4

Mit Schrägbändern und Streifen können Sie Schnittkanten, z. B. bei Patchworkarbeiten, dekorativ einfassen. Die Wirkung ist optimal, wenn das Muster des Einfassbandes passend zur Decke oder dem Kissen gearbeitet ist. Schrägbänder gibt es in vielen Farben und auch mit Mustern wie Pünktchen und Vichykaro fertig zu kaufen – ich würde Ihnen aber empfehlen, Ihre Bänder selbst anzufertigen. Sie brauchen dazu lediglich einen Stoffrest, den Schrägbandformer und Ihr Bügeleisen, probieren Sie es aus!

1

2

3

4

Schrägbander

1 *Schräge falten*

Um eine Schräge von 45 Grad zu erhalten, falten Sie die linke Ecke an der Webkante zur gegenüberliegenden Webkante rechts oben.

2 *Schräge aufzeichnen*

Bei Stoffresten, an denen die Webkante weggeschnitten ist, markieren sie die Eckpunkte eines Quadrates von der unteren Längskante aus. Verbinden Sie gegenüberliegende Ecken mit Lineal und Kreide zur Diagonalen. Von der Schräge aus parallele Linien mit dem Abstand der Schrägbandbreite mit Lineal und Kreide markieren. Schneiden Sie die Streifen mit dem Lineal und Rollschneider oder der Schere.

3 *Bänder stückeln*

Benötigen Sie längere Bänder als Ihr Stoffrest mit einem Band ermöglicht, dann nähen Sie diese zusammen. Die schrägen Bandenden aufeinanderlegen, sodass die Nahtzugabe an beiden Kanten als Dreieck übersteht. Die Naht 0,5 cm breit steppen und verriegeln. Die Nahtzugaben auseinanderbügeln.

4 *Schrägband falten*

Schieben Sie den Anfang des Bandes in den Schrägbandformer. Lässt sich der Streifen schlecht

»

einschieben, dann nehmen Sie eine lange Nadel, stecken diese in den oberen Schlitz des Schrägbandformers und schieben den Streifen an, bis er vorne herausschaut.

5 *Bruchkanten bügeln*

Stellen Sie nun die Spitze des Bügeleisens auf den vorgefalteten Streifen, der aus dem Former herausragt. Verfolgen sie mit dem Bügeleisen den Schrägbandformer, mit der linken Hand ziehen Sie diesen in Richtung des geöffneten Schrägbandes.

6 *Bügelkanten falten*

Als letzten Schritt falten Sie die Längskanten des vorgefalteten Schrägbandes erneut aufeinander und bügeln die dadurch entstehende Bruchkante. Dieser Schritt ist auch bei gekauften Bändern notwendig.

Schrägbänder annähen

Schrägbänder können Sie rechts auf rechts oder rechts auf links ansetzen – der einzige Unterschied, der sich dadurch ergibt, ist die Lage der zweiten Naht. Diese sitzt beim Ansatz rechts auf rechts im Nahtschatten oder auf der Bandkante, beim Ansatz rechts auf links liegt die letzte Befestigungsnaht immer auf der rechten Bandkante.

Es gibt auch eine schnelle Methode, Schrägbänder mit nur einer Naht anzunähen. Allerdings würde ich das nur bei geraden Kanten empfehlen, an Rundungen geht das meistens schief. Schieben Sie das vorgebügelte Schrägband über die ein- oder mehrlagige Stoffkante und stecken Sie es fest. Steppen Sie von rechts die Schrägbandkanten der Vorder- und Rückseite durch alle Lagen fest.

7 *Schrägband stecken*

Falten Sie das vorgebügelte Schrägband auf und stecken Sie es mit Nadeln fest. Die Nahtlinie des Schrägbandes liegt genau auf der Nahtlinie des Schnittteils. Steppen Sie das Schrägband in der Nahtlinie fest. War die Nahtzugabe des Schnittteils breiter als die des Schrägbandes, schneiden Sie diese nun auf die gleich Breite zurück.

8 *Band umklappen*

Klappen Sie das Band mit eingefalteter Nahtzugabe um die Stoffkante zur Rück- bzw. Vorderseite. Stecken Sie die Bandkanten mit Stecknadeln fest, sodas die Ansatznaht etwa 1 mm breit abgedeckt wird. Das Band bügeln und evtl. heften.

9 *Schrägband fixieren*

Steppen Sie das Schrägband schmalkantig ab bzw. steppen Sie entlang des Nahtschattens (bei Ansatz rechts auf rechts).

Tipp: Auf dem Schrägbandformer finden Sie die Angabe der Breite des Bandes für den Zuschnitt. Die fertige Breite nach dem Ein- und Aufeinanderfalten entspricht einem Viertel der Angabe.

Schrägband an Ecken

10 *Naht bis zur Ecke*

Steppen Sie die Naht bis in die Ecke der Nahtlinie und verriegeln Sie das Nahtende.

11 *Band falten*

Falten Sie die Schnittkante des Bandes im rechten Winkel bündig auf die anschließende Kante, dabei bildet sich an der Ecke ein Bruch (im Foto leicht angehoben). Den Bruch bündig auf die Ecke legen und feststecken. Nun die Naht von der Ecke aus fortsetzen, den Anfang verriegeln.

12 *Ecke falten*

Das Band um die Kanten falten (s. Schritt 10). Das Band an der Ecke in ein kleines Fältchen legen, am besten, Sie nehmen eine kleine Schere und schieben den Stoff mit der Spitze nach oben, so ergibt sich automatisch eine Diagonale.

Schrägband gerundet

13 *Ansetzen des Bandes*

Beim Ansetzen an eine Innenrundung müssen Sie das Schrägband leicht gedehnt ansetzen, an eine Außenrundung müssen Sie etwas Mehrweite bei der Nahtlinie anschieben.

Anfang und Ende

14 *Band unterlegen*

Lassen Sie am Anfang der Schrägbandnaht 2 cm offen. Erreichen Sie mit dem Ende des Schrägbandes den Anfang, schneiden Sie das Band mit 2 cm Zugabe ab. Den Bandanfang falten Sie 0,5 cm breit zur linken Seite, bügeln die Bruchkante und schieben anschließend das Ende unter den Anfang. Die Naht bis zum Nahtbeginn steppen und verriegeln.

»

Gut zu wissen

Streifen mit der Maschine schneiden

Wenn Sie gerne mit Schrägbändern und Streifen arbeiten, dann empfehle ich Ihnen einen elektrischen Schneider. Das ist eine echte Arbeitserleichterung und enorme Zeitersparnis. Die Breite der Streifen läßt sich mit dem Anschlaglineal genau einstellen. Das Messer lässt sich für besondere Effekte gegen ein gewelltes Messer auswechseln, damit erhalten Sie gezackte Streifen.

Schieben Sie den Anfang eines schräg oder auch gerade geschnittenen Stoffes unter das Messer und betätigen Sie das Fußpedal wie bei der Nähmaschine. Der Stoff wird automatisch eingezogen und Sie können ohne Messen und Markieren endlos viele Streifen in beliebiger Breite zuschneiden.

Übrigens, der Schneider ist auch für Patchwork eine große Arbeitserleichterung, denn Sie können Streifen bis 12 cm Breite zuschneiden und anschließend die Streifen zu Rechtecken oder Quadraten beschneiden.

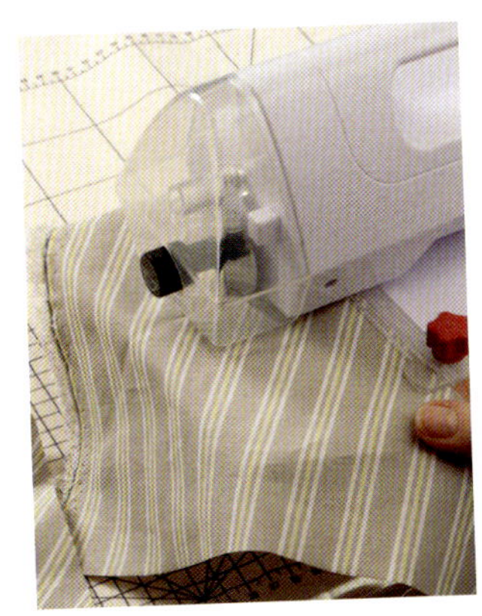

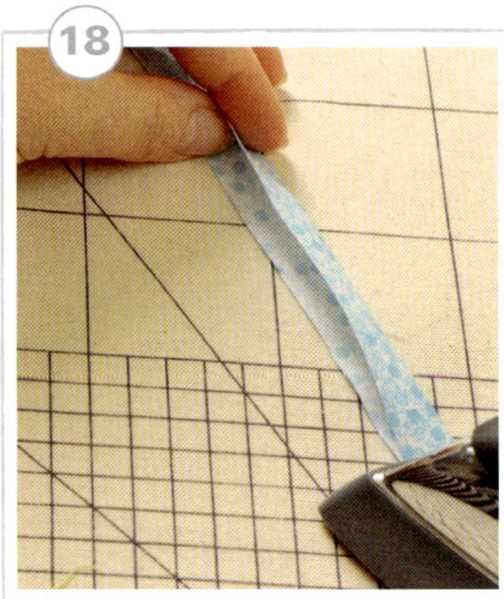

Paspelbänder

Mit Paspelbändern betonen Sie Kanten und Nähte an Kleidungsstücken oder Wohnaccessoires. Für die Breite des Paspelstreifens rechnen Sie zur gewünschten, sichtbaren Breite – z. B. 0,5 cm – die Nahtzugabenbreite dazu und verdoppeln dieses Maß.

18 *Streifen bügeln*

Paspeln werden ebenfalls im schrägen Fadenlauf wie Schrägbänder geschnitten (s. Seite 89). Anschließend falten Sie die Streifen links auf links und bügeln die Bruchkante.

19 *Streifen ansetzen*

Stecken Sie die offenen Schnittkanten des Paspelstreifens bündig auf die Kante des Schnitteils, die Nahtlinien liegen deckungsgleich übereinander. Steppen Sie die Naht. Den Paspelstreifen zur linken Seite entlang der Nahtlinie falten und bügeln. An der Kante ist der Paspelstreifen 0,5 cm breit sichtbar. Wird der Streifen in einer Naht zwischengefasst, legen Sie die Schnittkanten zwischen die Stoffteile und steppen die Naht.

Schnurkeder

Auch damit werden Kanten betont, durch die dreidimensionale Wirkung wird gleichzeitig die Form verstärkt. Schnurkeder erhalten Sie in gängigen Farben in verschiedenen Stärken vorgefertigt. Ich würde Ihnen empfehlen, aufs Selbermachen zurückzugreifen, damit Farbe und Muster harmonieren. Lassen Sie sich nicht von zu dicken Kordeln, die in das Schrägband eingelegt werden, verführen! Damit wird eine Kante wirklich steif, es sei denn, das ist beabsichtigt.

20 *Kordel einlegen*

Um die erforderliche Breite des Schrägbandes zu berechnen, multiplizieren Sie den Durchmesser der Kordel mit der Kreiszahl 3,14. Das ergibt z. B. bei 0,5 cm Kordeldurchmesser 1,57 cm plus zweimal 1 cm Nahtzugabe, gerundet insgesamt 3,6 cm. Das Schrägband zur Hälfte falten und den Bruch leicht anbügeln. Anschließend schieben Sie die Kordel in den Bruch.

21 *Schnurkeder nähen*

Mit dem Reißverschlussfüßchen dicht an der Kordel auf dem Schrägband entlangsteppen, so wird die Kordel im Bruch fixiert. Setzen Sie den Schnurkeder in gleicher Weise wie den Paspelstreifen an den gewünschten Kanten an, dabei arbeiten Sie mit dem Reißverschlussfüßchen weiter, denn nur so können Sie dicht an der Kordel steppen.

Mit Schnurkedern werden häufig Kissen für Sitzmöbel im Outdoor-Bereich gearbeitet. Der Keder stabilisert die Kissen, außerdem bietet er auch eine strapazierfähige Stoßkante.

Besonders beliebt, weil sie dekorativ und zudem praktisch sind, ist die Schnurkeder an den Kanten der Kissen und Auflagen für Outdoormöbel. Spezielle Stoffe, die auch dem Regen trotzen, sind im Fachhandel erhältlich. Damit Kissenbezug und Keder wie aus einem Guss wirken, greifen Sie auf die Kollektionen der Stoffhersteller zurück, deren Muster und Farben perfekt aufeinander abgestimmt sind. Sie erhalten farblich passende Unis ebenso wie diverse große und kleine Muster, selbst beim Stil der Muster haben Sie die freie Auswahl, z. B. zwischen dem modernen Landhausstil, amerikanischen Mustern und dem Provence-Look.

Streifen

Tischläufer im Mustermix

Modellgröße:

112 cm x 44 cm

Sie brauchen:

- 35 cm Baumwollstoff mit Rosenmuster, 145 cm breit
- 4 verschiedene gemusterte Baumwollstoffe, je 20 cm, 145 cm breit
- Allesnäher in passender Farbe

Hilfsmittel:

- Schere
- Maßband
- Bügeleisen
- Kreide oder Textilmarkierstift

Zuschneiden:

Mittelteil, 1x 32 cm x 100 cm

Längsstreifen, 2x 16 cm x 114 cm; Querstreifen, 2x 16 cm x 32 cm

alle Angaben inkl. Nahtzugabe

Streifen unterscheiden sich von Schrägbändern dadurch, dass sie im geraden Fadenlauf zugeschnitten werden.

Die Kombination verschiedener Muster wie Rosen, Ornamente und grafischen Mäandern harmoniert perfekt, wenn die Farben der Stoffe aufeinander abgestimmt sind. Der Läufer ist eine stimmungsvolle Grundlage für ein Frühstück am Wochenende.

1 *Streifen ansetzen*

Die Längkanten der Streifen jeweils 1 cm zur linken Seite bügeln. Die kürzeren Streifen rechts auf rechts auf die Schmalseiten des Mittelteils stecken und steppen. Den Streifen links auf links falten und mit eingeschlagener Nahtzugabe über der Ansatznaht feststecken. Von rechts schmalkantig steppen. Den Längsstreifen rechts auf rechts entlang der Nahtlinie auf das Mittelteil und die Streifen stecken und nähen. Nun das Ende mit eingefalteter Nahtzugabe rechts auf rechts falten; mit Nadeln feststecken. Die Naht im Verlauf der Kante des schmalen Querstreifens steppen.

2 *Streifen wenden*

Die Nahtzugaben zurück- und zur Ecke hin schräg wegschneiden, anschließend bügeln. Die Ecke wenden und gut ausformen, erneut bügeln. Nun die Längskanten auf der linken Seite mit Stecknadeln fixieren, die Bruchkante der Nahtzugabe liegt 1 mm über der Ansatznaht. Von der rechten Seite her im Nahtschatten oder schmalkantig neben der Ansatznaht steppen. Erneut bügeln.

Nadeltasche zum Rollen

Übersichtlich und handlich

Modellgröße:

40 cm x 50 cm

Sie brauchen:

- 45 cm weißgrundigen, geblümten Baumwollstoff, 140 cm breit
- 35 cm rotgrundigen Ornamentstoff, 140 cm breit
- 40 cm Volumenvlies H 630 oder HH 650, 90 cm breit
- 50 cm weißes Klettband
- Allesnäher in passender Farbe

Zuschneiden:

Innen- und Außenseite rot- und weißgrundig und Volumenvlies, je 42 cm x 52 cm

Tasche weißgrundig, 30 cm x 50 cm

Schrägstreifen, insgesamt 300 cm lang, 5 cm breit

Endlich eine Lösung für Ihr ganz persönliches Stricknadelchaos. Sauber abgetrennt, werden die Stricknadeln der Größe nach einsortiert und lassen sich damit auch ganz leicht wieder finden. Klettband sorgt dafür, dass die Nadeln in der Tasche bleiben.

1 Schrägen Sie den Zuschnitt für die aufgesetzte Tasche ab. Dafür markieren Sie an der rechten Seitenkante 21 cm und verbinden diese Markierung mit der linken oberen Ecke. Den Stoff entlang der Markierung abschneiden.

2 Setzen Sie die Schrägbandstreifen aneinander. Bügeln Sie die Schrägbänder mit dem Schrägbandformer, anschließend falten Sie die Bruchkanten aufeinander und bügeln auch diese Kante.

3 Markieren Sie auf der Tasche senkrechte Linien für die Nadeln, je nach Stärke der Nadeln zwischen 3 cm und 4 cm Abstand lassen. Fassen Sie die schräge Kante der Tasche mit Schrägband ein. Teilen Sie die Flauschseite des Klettbandes in 2 cm breite Abschnitte in der Anzahl Ihrer abgeteilten Taschen. Stecken und steppen Sie die Klettbandstücke mit 1 cm Abstand zum Schrägband auf die linke Stoffseite in die Mitte zwischen jeweils zwei Trennlinien.

4 Legen Sie die Tasche bündig mit der Unter- und den seitlichen Kanten auf die Innenseite (bei H 630 zusätzich darunter die Außenseite). Markieren Sie die Platzierungen für das Klettband unter der Tasche und stecken Sie 2 cm lange Abschnitte der Hakenhälfte auf. Die Klettbandabschnitte aufsteppen.

Vielleicht benötigen Sie keine Tasche für Stricknadeln, sondern für Künstlerpinsel oder das Besteck fürs Picknick? Dann können Sie mit der gleichen Technik eine Rolltasche in angepasster Größe nähen, für Besteck evtl. mit einer gerade aufgesetzten Tasche.

5 Legen Sie das doppelseitige Volumenvlies HH 650 zwischen die linken Stoffseiten der Vorder- und Rückseite und bügeln Sie es auf. Verwenden Sie H 630, dann bügeln Sie es auf die linke Stoffseite der Innenseite auf. Nun legen Sie die Tasche bündig mit der unteren und den seitlichen Kanten auf die Stofflagen. Stecken Sie die Kanten aufeinander, anschließend steppen Sie alle Lagen 0,5 cm breit aufeinander.

6 Steppen Sie die Taschen entlang der markierten Linien durch alle Lagen. Fassen Sie die aufeinanderliegenden Kanten rundum mit Schrägband ein, dabei beginnen Sie seitlich an der Kante in Höhe der aufgenähten Tasche. Lassen Sie am Anfang des Schrägbandes etwa 60 cm hängen. Steppen Sie das Band entlang der Kanten auf, die Naht endet genau am Anfang der Steppnaht. Die herabhängenden Bänder in eine Falte wie bei den Ecken legen (s. Seite 91) und fortlaufend die Kanten aufeinandersteppen. Die Tasche probeweise aufrollen, die herabhängenden Enden umwickeln und zur Schleife binden. Die Überlänge der Bänder abschneiden und die Bandenden verknoten.

Mode ist auch immer ein Statement.

Patricia Riekel

Verschlüsse

Praktisch sollen sie sein und natürlich auch dem Stoff und dem Stil entsprechend passen. Das ist oft keine leichte Entscheidung, um den geschmacklichen Anforderungen an Stil, Farbe und Trend gerecht zu werden. Anfängern gebe ich daher den Tipp: Sie gehen auf Nummer sicher, wenn Sie sich weitgehendst an die Vorgaben der Anleitung für Reißverschluss, Knopf und Co. halten. Sind Sie experimentierfreudig, dann probieren Sie aus, was die Verschlüsse halten – und lassen Sie sich vom Ergebnis überraschen!

Verschlüsse

Amerikanischer oder Hotelverschluss

Modellgröße:

40 cm x 40 cm

Sie brauchen:

- 45 cm Stoff, 120–140 cm breit
- Allesnäher in passender Farbe

Hilfsmittel:

- Schere
- Lineal
- Kreide oder Textilmarkierstift
- Bügeleisen

Zuschneiden:

42 cm x 116 cm

Ein Verschluss sollte immer zum Modell passen und die Wirkung betonen bzw. sich unterordnen. Eine einfache Technik, mit der sich eine Idee umsetzen lässt, erleichtert gerade für Anfänger das Nähen erheblich, wie beim Kissen mit amerikanischem Verschluss. Viele verschieden gemusterte Kissen können Sie an einem Wochenende nähen und Ihr Sofa als Kuschelecke stylen.

Der amerikanische oder auch Hotel-Verschluss ist ein Verschluss mit dem geringsten Material-, Kosten- und Zeitaufwand. Aus einem Stoffstück können Sie mit nur 4 Nähten (plus evtl. 2 Versäuberungsnähten) ein 40 cm x 40 cm großes Kissen fertigstellen.

1 *Verschlusskanten*

Markieren Sie an den Schmalseiten auf der rechten Stoffseite 2 Linien mit 1 cm und noch einmal 3 cm Breite. Falten und bügeln Sie die Kanten entlang dieser Markierungen auf die linke Stoffseite. Stecken Sie beide Säume fest und steppen Sie diese schmalkantig ab.

2 *Verschluss aufeinanderlegen*

Klappen Sie die Säume 20 cm breit rechts auf rechts aufeinander, sodass Sie ein Außenmaß von 42 cm x 40 cm erhalten. Stecken Sie die Saumkanten aufeinander und bügeln Sie die Bruchkanten.

Sie können den Verschluss in die Mitte des Kissens legen, aber auch zur Kissenkante. Das kennen Sie sicherlich von Ihren Kopfkissenbezügen.

3 *Kissen nähen*

Stecken Sie die offenen Kanten des Kissenbezugs aufeinander und steppen Sie die beidseitigen Nähte 1 cm breit. Nun können Sie die Kanten auf Wunsch mit Zickzackstich versäubern. Die Nähte bügeln und die Stecknadeln am Verschluss herausziehen. Das Kissen wenden und die Kanten bügeln.

Übersicht Verschlüsse

Reißverschlüsse sind neben Knöpfen die am häufigsten verwendeten Verschlüsse für Bekleidung, selbst an Schuhen und Stiefeln werden sie eingearbeitet. Mit der Art des Einnähens, z. B. ob Sie den Reißverschluss verdeckt einnähen oder dekorativ und auffällig als sichtbaren Verschluss arbeiten, bestimmen Sie den Stil und die Wirkung des gesamten Kleidungsstückes.

Verdeckt eingesetzter Reißverschluss

1 *Verschluss markieren*

Planen Sie für die Nahtzugabe mindestens 1,5 cm Breite, besser noch 2 cm ein. Markieren Sie die Länge des Reißverschlussschlitzes auf der Nahtlinie. Die Schnittkanten versäubern.

2 *Schlitz heften*

Steppen Sie die Naht bis zum Ende des Reißverschlusses, z. B. an Röcken oder Hosen, oder beidseitig vor und nach dem Reißverschluss, wie z. B. in der Taille eines Kleides. Das Nahtende verriegeln. Die Naht des Reißverschlussschlitzes steppen Sie mit längstmöglicher Sticheinstellung Ihrer Nähmaschine, Sie können die Naht auch mit Handstichen heften.

Ob Sie den Reißverschluss in einen Rock oder Hose am Ende der Mittel- oder Seitennaht einsetzen oder in einen Schlitz eines Kleides, der beidseitig geschlossen ist, an der Vorgehensweise beim Einnähen ändert sich nichts. Wird der Reißverschluss einseitig eingenäht, wird die Naht bis zum Ende des Reißverschlusses gesteppt und verriegelt, die übrige Naht mit Heftstichen z. B. bis zur Taille geschlossen.

3 *Reißverschluss heften*

Die Nahtzugaben auseinanderbügeln. Legen und stecken Sie den Reißverschluss mittig auf die Nahtzugaben und heften Sie den Reißverschluss entlang der Bänder fest.

4 *Reißverschluss steppen*

Wenden Sie den Stoff auf die rechte Seite. Steppen Sie mit dem Reißverschlussfüßchen mit gleichmäßigem Abstand zur Heftnaht den Reißverschluss ein. Auf der rechten Seite bügeln.

5 *Reißverschluss öffnen*

Die Heftnaht von der rechten Seite her mit dem Fadenknipser oder dem Nahttrenner auftrennen und den Reißverschluss öffnen.

Sichtbar eingesetzter Reißverschluss

Im Moment ist es modisch total angesagt, dekorative Reißverschlüsse auf der rechten Seite sichtbar aufzusetzen. Dafür heften Sie den Reißverschluss über die geheftete Naht der rechten Seite und steppen entlang der Bändchen, vielleicht zur Zierde mit einem Zickzack- oder Zierstich. Ist keine Naht vorhanden, z. B. an einem Polohemd, wird der Schlitz mit einem Belegstreifen eingearbeitet.

6 *Beleg vorbereiten*

Verstärken Sie den Belegstreifen mit Vlieseline und markieren Sie auf der linken Seite des Streifen die Mittel- und die Nahtlinien. Stecken Sie den Belegstreifen rechts auf rechts auf den Oberstoff.

7 *Schlitz steppen*

Steppen Sie entlang der Nahtlinien, ebenso die untere Querkante, dabei verringern Sie an der unteren Ecke die Stichlänge auf 1,5 mm.

8 *Schlitz einschneiden*

Schneiden Sie nun den Schlitz bis kurz vor das Schlitzende ein, die Öffnung endet in der gleichen Breite wie der Abstand der Naht zur Mittellinie. Vn diesem Punkt aus schneiden Sie zu den Ecken hin schräg ein, so entsteht ein kleines Dreieck. Bügeln Sie die Kanten.

9 *Beleg wenden*

Wenden Sie den Beleg zur linken Seite und bügeln Sie ihn entlang der Nahtlinien, dafür evtl. die Stofflagen aufeinanderstecken.

10 *Reißverschluss einnähen*

Nun stecken und heften Sie den Reißverschluss so unter die Kanten, dass der untere Stopper sichtbar am Schlitzende abschließt. Nun steppen Sie mit dem Reißverschlussfüßchen von rechts dicht entlang der Zähnchen, die untere Querkante ebenso breit steppen.

»

Gut zu wissen

Reißverschlüsse

Ein Reißverschluss wird immer mit den Zähnchen (1) oder Spiralen geschlossen, die ineinandergreifen. Entsprechend des Verarbeitungszweckes können diese aus Metall oder Kunststoff gefertigt sein. Geöffnet bzw. geschlossen wird der Reißverschluss mit dem Schieber (2), damit dieser sich leichter bewegen lässt, hat er einen Schiebergriff (3). Am unteren Ende des Reißverschlusses ist ein Stopper (4), der beide Zähnchenreihen zusammenhält, an den oberen Enden sind einzelne Stopper (5), sodass der Schieber nicht von den Zähnchen rutscht. Ist der Reißverschluss teilbar, also für Jacken, dann ist der untere Stopper geteilt, dabei endet eine Seite in einem Stecker, der in eine Art „Kasten" am zweiten Reißverschlussende gesteckt wird.

Der verdeckte Nahtreißverschluss

Dieser Reißverschluss bildet optisch eine Fortsetzung der Naht und ist deshalb besonders beliebt an Röcken und Kleidern, bei welchen eine sichtbare Naht stören würden. Der Reißverschluss zieht dabei die Nahtzugaben automatisch nach innen und ist ganz einfach einzunähen. Sie benötigen dafür ein spezielles Reißverschlussfüßchen für den Nahtreißverschluss. Gibt es keines für Ihre Maschine, ist das auch keine Problem, denn es gibt dieses Füßchen mit einem Universaladapter für alle Nähmaschinenarten.

11 *Nahtlinien markieren*

Markieren Sie auf den Stoffteilen auf der rechten Stoffseite die Nahtlinien und das Ende des Reißverschlussschlitzes. Öffnen Sie den Reißverschluss und stecken Sie ihn rechts auf rechts auf den Stoff, dabei liegen die Zähnchen genau auf der Nahtmarkierung, sie sind von der Schnittkante weg gerichtet.

12 *Nahtfuß senken*

Senken Sie das Reißverschlussfüßchen so auf die Zähnchen, dass diese genau in der Kerbe des Füßchens liegen. Beim Nähen sticht die Nadel ganz dicht neben den Zähnchen bzw. der Kunststoffspirale ein. Bis zur Einsatzmarkierung steppen.

13 *Zweites Bändchen*

Die zweite Reißverschlusshälfte ebenso einnähen, dabei genau die Markierungen des Schlitzendes beachten. Nun den Reißverschluss schließen.

14 *Naht steppen*

Befestigen Sie wieder das normale Reißverschlussfüßchen. Legen Sie die Stoffkanten ab dem Reißverschlussende an der Markierung rechts auf rechts und stecken Sie die Kanten aufeinander. Ziehen Sie das Bandende so weit wie möglich zur rechten Seite, so lässt sich der Nahtanfang besser nähen. Sichern Sie den Nahtanfang.

15 *Bandenden*

Steppen Sie zum Abschluss die Bandenden auf die Nahtzugabe, aber keinesfalls den Oberstoff dabei mitfassen.

Tipp: Nahtverdeckte Reißverschlüsse sind in Längen von 20, 40 und 60 cm erhältlich. Ist das nicht die genau Länge, die Sie benötigen, dann kaufen Sie die nächstgrößere Länge. Messen Sie die Schlitzlänge ab, und markieren Sie diese auf dem Reißverschlussbändchen. In dieser Höhe nähen Sie mit doppeltem Faden mehrfach quer über die Reißverschlusszähnchen und fixieren den Faden am Bändchen. Nun schneiden Sie mit etwa 3–4 cm Abstand unterhalb des Querriegels den Reißverschluss ab, aber Achtung, nicht mit der Stoffschere! Die Enden der Bändchen mit Zickzackstich versäubern.

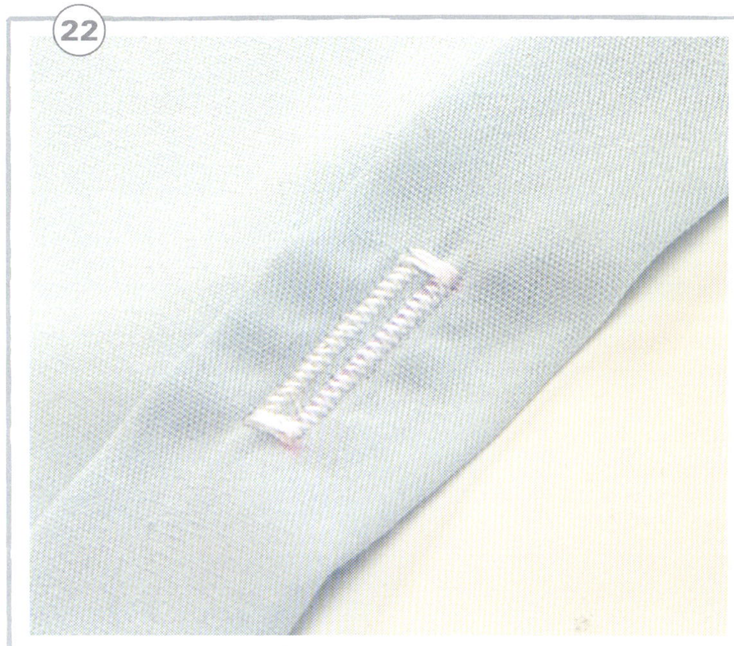

Knopflöcher und Knöpfe

Knöpfe sind nicht nur Verschluss, sondern auch modische Accessoires, die den Stil eines Kleidungsstückes betonen. Dabei sitzen Knöpfe immer auf dem Untertritt, das Knopfloch auf dem Übertritt einer Verschlussleiste.

20 *Ausrichtung*

Knopflöcher können waagerecht oder senkrecht in der Verschlussleiste sitzen. In der Regel wird die waagerechte Richtung = Zugrichtung bevorzugt, da sie sich besser an Jacken, Manschetten und Rock- oder Hosenbund wegen der höheren Beanspruchung eignen. Bei sehr schmalen Knopflochleisten wird das Knopfloch auch senkrecht genäht.

21 *Länge festlegen*

Markieren Sie die Knopflöcher so, dass sie etwa 2–3 mm über die Mittellinie in Richtung der Verschlusskante hinausragen. Hat Ihre Maschine einen Knopflochautomatik, müssen Sie nur die Lage und die Abstände der Knopflöcher markieren, die Länge reguliert die Einstellung der Maschine. Ohne Knopflochautomatik markieren Sie die Lage, Anfang und Ende.

22 *Senkrechte Knopflöcher*

Senkrechte Knopflöcher liegen genau auf der Mittellinie, Sie markieren dafür Anfang und Ende des Knopfloches.

23 *Aufschneiden*

Zum Aufschneiden des Knopfloches stecken Sie vor einem Riegel des Knopflochschlitzes eine Stecknadel ein. Nun stechen Sie mit dem Nahttrenner direkt hinter dem ersten Riegel in den Stoff und schieben Sie die Schneidefläche in Richtung der Stecknadel vor dem 2. Riegel. Die Stecknadel verhindert, dass der Riegel durchtrennt wird.

»

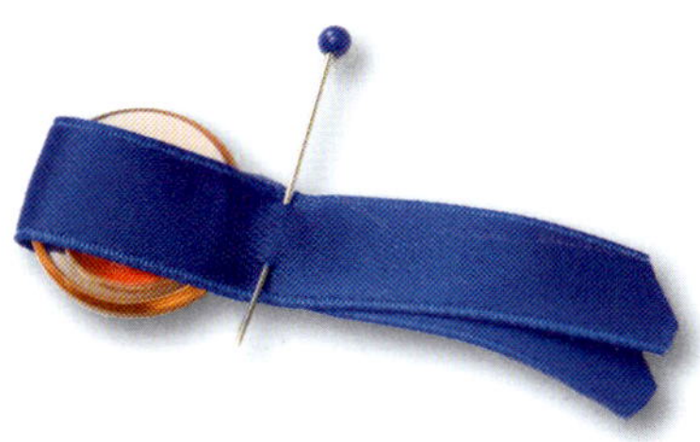

Besonders schön wird ein Knopfloch, wenn Sie beim Nähen Stickvlies unter den Stoff legen. Nehmen Sie ein abreißbares oder auswaschbares Vlies wie Tear Away oder Solvy.

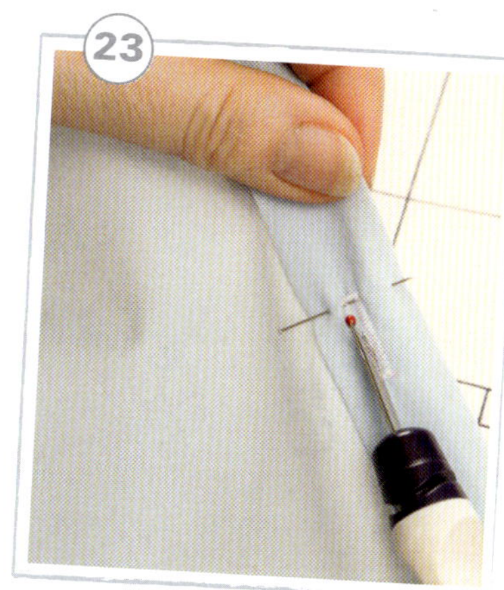

Tipp: Um die Länge eines Knopfloches zu ermitteln, legen Sie einen Stoffstreifen um den größten Umfang des Knopfes. Dort, wo die Bändchen aufeinandertreffen, stecken Sie ganz dicht am Knopf eine Stecknadel quer ein. Den Streifen abziehen und flachdrücken. Messen Sie von der Stecknadel bis zum Bruch, so erhalten Sie die Länge des Knopfloches.
Sie können auch den Knopfdurchmesser plus den halben Knopfdurchmesser zusammenzählen und erhalten dann die Länge des Knopfloches.

Kissen

Mit Haken-Ösen-Verschluss

Modellgröße:

35 cm x 40 cm

Sie brauchen:

- 40 cm türkisfarbenen Stoff, 90 cm breit
- 70 cm Schrägband mit Muster in Kontrastfarbe, 1,5 cm fertige Breite
- 40 cm weißes Haken-Ösen-Band
- Allesnäher in Weiß und Türkis

Hilfsmittel:

- Schere
- Rollschneider und Unterlage
- Kreide oder Textilmarkierstift
- Bügeleisen
- Reißverschlussfüßchen

Zuschneiden:

Rückseite türkis, 37 cm x 37 cm

Vorderteile, 2x je 15 cm x 37 cm

Der Haken-Ösen-Bandverschluss wird für eng anliegende Oberteile wie z. B. beim Dirndl oder einem trägerlosen Bustier verarbeitet. Etwas zweckentfremdet, aber durchaus dekorativ ist er hier als Kissenverschluss gearbeitet.

1 *Hakenband nähen*

Schieben Sie das doppelt aufeinandergefaltete Schrägband über die 37 cm lange Kante einer Kissenvorderseite und steppen Sie das Schrägband durch alle Lagen schmalkantig fest. Schieben Sie die Hakenbandseite so unter das Schrägband, dass vor dem Schrägband gerade die Haken sichtbar sind. Stecken Sie das Hakenband fest. Befestigen Sie das Reißverschlussfüßchen an der Maschine und steppen Sie so dicht wie möglich an den Haken auf dem Schrägband, dadurch wird das Hakenband fixiert.

2 *Ösenband nähen*

Über die Kante der zweiten Vorderteilhälfte ebenfalls Schrägband schieben und stecken. Entlang der Kante schmalkantig aufsteppen. Falten Sie den Untertritt unter den Ösen nach hinten, so stehen nur noch die Ösen hervor. Stecken Sie das Ösenband so unter das Schrägband, dass die Ösen gerade herausragen. Achten Sie darauf, dass die Ösen auf gleicher Höhe wie die Haken beginnen. (Sie können das durch probeweises Einhaken überprüfen.) Mit dem Reißverschlussfüßchen knappkantig feststeppen. Die beiden Vorderseiten zusammenhaken.

3 *Kissen fertigstellen*

Legen Sie die Vorderseite rechts auf rechts auf die Rückseite und stecken Sie die Kanten aufeinander. Rundum die Naht 1 cm breit steppen. Die Kanten zusammengefasst versäubern und bügeln. Durch den Verschluss wenden, die Kanten ausformen und erneut bügeln.

Alle Hindernisse und Schwierigkeiten sind Stufen, auf denen wir in die Höhe steigen.
Friedrich Nietzsche

Kleidung nähen

Bekleidung selbst zu nähen – davor scheuen sich Viele – selbst die, die schon Accessoires wie Taschen oder Kissen genäht haben. Häufig ist es nicht komplizierter, sondern nur eine Frage, wie die einzelnen Arbeitsschritte in einer sinnvollen Reihenfolge aneinandergefügt werden. Wenn Sie einige der vorherigen Modelle nachgearbeitet haben, haben Sie gute Voraussetzungen für die Techniken, die auch bei der Bekleidung notwendig sind. Probieren Sie es aus!

Der Schnitt ist einfach, entscheidend ist der Stoff und die Farbe, aus dem Sie den Bleistiftrock nähen. Aus schwarzem Gabardine oder Satin wirkt er klassisch und elegant, lässt sich aber von der Jeansjacke bis zum Chanelljäckchen vielfältig stylen. Gemusterte Stoffe machen daraus ein modisches Trendthema, ob mit großem Blumendesign oder den aktuellen Krawattenmustern.

Bund

Schmaler Bleistiftrock

Kleidergröße:

Größe 38, Rocklänge 50 cm

Sie brauchen:

- 70 cm festen Stoff, z. B. Baumwolle, Leinen, Gabardine oder Brokat, 140 cm breit
- nahtverdeckten Reißverschluss, 20 cm lang
- Allesnäher in passender Farbe
- 80 cm Bundfix, 3 cm breit

Hilfsmittel:

- Bügeleisen
- Kreide oder Textilmarkierstift
- Stecknadeln
- Schere

Zuschneiden:

Vorderteil, 1x im Bruch,

Rückeil, 2x,

Bund, 80 cm x 8 cm

zzgl. Nahtzugaben 1,5 cm und Saumzugabe 4 cm

Vorlage:

Schnittbogen A, Teile 5–6

In der Regeln haben Rock oder Hose einen Bund, bei den derzeit sehr angesagten Hüfthosen oder -röcken kann der Bund auch weggelassen werden. Ein Bund kann gerade, schmal, breit, mit und ohne Schlaufen und in Form geschnitten sein. Achten Sie darauf, dass der Bund nicht kneift, denn wer will schon ständig die Luft anhalten. Bei diesem schmalen Rock sitzt der Bund genau in der Taille.

1

2

3

Der gerade Bund

Eine große Arbeitserleichterung für den geraden Bund ist Bundfix, ein aufbügelbares Stanzband. Es ist in (fertigen) Breiten von 2,5 cm, 3 cm und 4 cm erhältlich. Der große Vorteil von Bundfix ist, dass die Nahtzugaben und die Längskante ausgestanzt sind, sodass sich der Bund fast schon automatisch faltet.

1 *Abnäher steppen*

Legen Sie die Abnäher entlang der eingezeichneten Linien rechts auf rechts und steppen diesen zur Spitze hin auslaufend zu. Die Abnäher zur vorderen Mitte bügeln.

2 *Reißverschluss einnähen*

Versäubern Sie die Schnittkanten der Rückteile des Rocks entlang der rückwärtigen Mitte. Legen Sie den offenen Nahtreißverschluss rechts auf rechts entlang der Nahtlinie und steppen Sie ihn mit dem nahtverdecktem Reißverschlussfüßchen bis zur Markierung ein. Die zweite Seite ebenso feststeppen.

3 *Nähte schließen*

Den Reißverschluss schließen und die rückwärtigen Teile rechts auf rechts legen, dabei das Ende des Reißverschlusses zur rechten Seite ziehen. Die Naht bis zur Schlitzmarkierung steppen und die Nahtzugaben auseinanderbügeln. Vorder- und Rückteil ebenso rechts auf rechts stecken und die Nähte steppen. Die Nahtzugaben versäubern und auseinanderbügeln.

»

Falls Sie den Rock füttern wollen, nähen Sie jetzt den Futterrock wie vorher beschrieben mit den Abnähern und Nähten. Den Reißverschlussschlitz in der rückwärtigen Mitte nur umbügeln. Den Futterrock rechts auf links in den Oberrock stecken und entlang der Taillenkante heften.

4 *Bund zuschneiden*

Schneiden Sie den Bundstreifen entsprechend der Angaben mit Untertritt und Zugaben zu, den Bundfixstreifen schneiden Sie ohne Nahtzugaben an den Schmalseiten. Bügeln Sie den Streifen auf die linke Seite des Bundes auf.

5 *Bund annähen*

Nun stecken Sie den Bund an die Ansatzkante, dabei steht der Untertritt an der Seite in gewünschter Breite über. Steppen Sie den Bund entlang der Stanzrille fest.

6 *Seiten verstürzen*

Falten Sie den Bund rechts auf rechts und stecken Sie die Schmalseiten aufeinander. Die Naht am Übertritt in Verlängerung der vorderen Mitte steppen, am Untertritt in Nahtzugabenbreite. Die Nahtzgaben zurück- und an den Ecken schräg wegschneiden, die Nahtzugaben der Ansatznaht in den Bund bügeln.

7 *Innenkanten stecken*

Den Bund links auf links falten, dabei werden die Nahtzugaben entlang der Stanzrille eingefaltet. Die Bundkanten aufeinanderstecken und bügeln. Sie können die Bundkanten mit Handstichen unsichtbar festnähen, mit einer schmalkantigen Naht von rechts durch alles Lagen steppen oder mit aufgebügeltem Fixierband auf den Nahtzugaben befestigen.

8 *Futter fixieren*

Nähen Sie das Futter mit Handstichen entlang des Reißverschlussbändchens fest.

9 *Rockschlitz verstürzen*

Bügeln Sie die Schlitz- und Saumkanten um. Falten und stecken Sie die Saumkante rechts auf rechts auf die Schlitzkante. Steppen Sie von der Bruchkante am Saum in der Bügelmarkierung der Schlitzkante den Saum fest. Die Rocksaumkanten versäubern und die Schlitzkanten wenden.

10 *Rocksaum nähen*

Nähen Sie den Rocksaum mit dem Blindstichfüßchen der Maschine oder mit Handstichen.

11 *Futter säumen*

Bügeln Sie die Futtersaumkanten zweimal je 1 cm auf die linke Seite und steppen Sie den Saum von rechts fest. Das Futter an der Schlitzkante mit Handstichen fixieren.

Bundschlaufen

Wenn Sie Ihren Rock- oder Hosenbund mit einem Gürtel betonen möchten, dann sollten Sie dafür Schlaufen nähen. Nichts ist unbequemer, als ein Gürtel, der sich bei jeder Bewegung verschiebt und der ständig an den richtigen Platz geschoben werden muss.

1 *Streifen schneiden*

Schneiden Sie einen Stoffstreifen mit der Gesamtlänge der Bundschlaufen zzgl. Nahtzugaben. In der Breite berechnen Sie die fertige Breite x 2 plus 2 cm Nahtzugabe. Legen Sie den Streifen rechts auf rechts und steppen Sie die Längskanten in Nahtzugabenbreite aufeinander. Legen Sie die Nahtzugaben des Streifens mittig und bügeln Sie diese auseinander.

2 *Streifen wenden*

Wenden Sie den Streifen, entweder mit einer Wendenadel oder einer dicken Sticknadel, in deren Öse Sie die Nähfäden knoten.

3 *Streifen bügeln*

Bügeln Sie die Gürtelschlaufen erneut und achten Sie darauf, dass die Naht in der Mitte liegt. Steppen Sie die Längskanten schmalkantig ab, anschließend die Schlaufen in der gewünschten Länge zuschneiden.

4 *Schlaufen im Bund mitfassen*

Werden die Schlaufen im Bund mitgefasst, legen Sie diese rechts auf rechts auf die entsprechende Stelle an der Taillenkante, darüber wird der Bund gesteckt. Den Bund fertig nähen, abschließend die Schlaufe nach oben klappen und mit eingeschlagener Nahtzugabe schmalkantig aufriegeln oder mit einer Zickzackraupe (Stichlänge 0,3 mm, Stichbreite 1,5 mm) an der oberen Bundkante fixieren.

5 *Schlaufen aufsetzen*

Werden die Gürtelschlaufen nachträglich aufgesetzt, schlagen Sie beide Schlaufenende 0,5 cm breit ein und stecken Sie unterhalb der Bundansatznaht und an der oberen Kante des Bundes fest. Wie vorher beschrieben, mit einer Zickzackraupe oder einem Geradstichriegel beide Kanten aufsteppen.

Sehr dekorativ wirken Bundschlaufen für einen schmalen Gürtel, die nicht über die ganze Höhe des Bundes laufen. Sie müssen dafür die Gürtelbreite kennen, um genau den Abstand der Befestigungsnähte festzulegen.

Tunnelbund

Legere Freizeitshorts

Kleidergröße:

Größe 38/40

Sie brauchen:

- 50 cm unifarbener Baumwoll- oder Leinenstoff, 140 cm breit
- 30 cm gemusterter Baumwoll- oder Leinenstoff, 140 cm breit
- 200 cm Elastikgummiband, 0,7 cm breit
- Allesnäher in passender Farbe

Hilfsmittel:

- Kopierrädchen
- Stecknadeln
- Bügeleisen
- Kreide oder Textilmarkierer
- Sicherheitsnadel

Zuschneiden:

vorderes und rückwärtiges Hosenteil, je 2x

Taschen, 4x

Bund, 92 cm x 10 cm

Bindeband, 50 cm x 4 cm

zzgl. 1 cm Naht- und 4 cm Saumzugaben

Vorlage:

Schnittbogen A, Teile 7–9

1

2

3

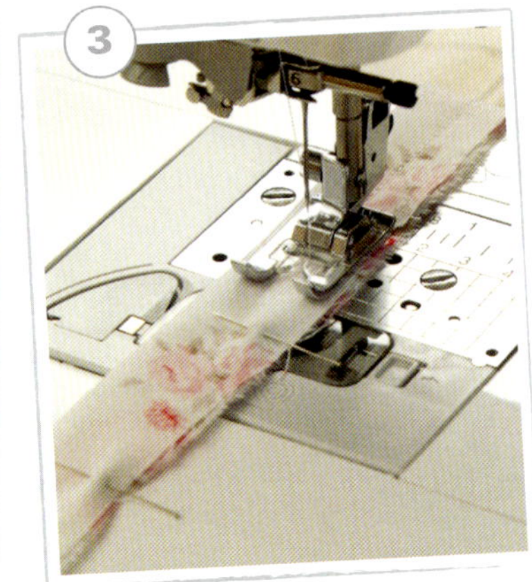

Der Tunnelbund kann an die Taillenkante angeschnitten oder extra angesetzt werden. In die nebeneinanderliegenden Tunnel wird schmales Gummiband eingezogen. Das wirkt modischer und machte eine schönere Form als ein einzelner Elastikgummi.

4

Hose mit Gummibund nähen

1 *Eingrifftaschen*

Versäubern Sie die Schnittkanten der seitlichen Hosenbeine und die Längskanten der Taschenbeutel. Legen und stecken Sie die Taschenbeutel rechts auf rechts entlang der Markierungen der Seitennähte und steppen Sie die Nähte zwischen den Markierungen. Die Nahtzugaben auseinanderbügeln und anschließend zur Vorderseite bügeln. Vorder- und Rückteile der Hosenbeine entlang der Seitennähte aufeinanderstecken und die Nähte bis bzw. ab den Taschenbeuteln steppen, dabei verriegeln. Die Nahtzugaben auseinanderbügeln. Nun die Taschenbeutelkanten aufeinanderstecken und steppen, die Nahtzugaben zusammengefasst versäubern.

2 *Bund vorbereiten*

Legen und stecken Sie den Bundstreifen entlang der Schmalseiten rechts auf rechts und steppen Sie die Naht. Dabei mit 3 cm Abstand zu einer Kante einen 1 cm breiten Schlitz offenlassen. Die Nahtzugaben auseinanderbügeln. Die Längskanten des Bundes jeweils 1 cm breit auf die linke Seite bügeln, anschließend den Ring links auf links falten und erneut bügeln.

3 *Bindebänder nähen*

Falten Sie den Streifen rechts auf rechts und steppen Sie die Naht 1 cm breit. Die Nahtzugaben zurückschneiden und den Streifen wenden. Den Streifen anschließend halbieren und bügeln.

4 *Hosenteile nähen*

Legen Sie die inneren Beinnähte der Hosenbeine rechts auf rechts, stecken und steppen Sie die Naht. Die Nahtzugaben auseinanderbügeln und versäubern.

Legen Sie die Hosenbeine rechts auf rechts ineinander, stecken Sie die Teile entlang der vorderen und rückwärtigen Mittelnaht aufeinander und steppen Sie die Naht. Die Nahtzugaben auseinanderbügeln und versäubern.

5 *Bund ansetzen*

Stecken Sie den Bund so rechts auf rechts entlang der oberen Hosenkante, dass die Naht der vorderen Mitte von Hose und Bund genau übereinanderliegen. Die Ansatznaht in der Bügelmarkierung steppen. Den Bund zur Innenseite wenden und mit eingeschlagener Nahtzugabe genau über der Ansatznaht feststecken. Nun von rechts schmalkantig absteppen.

6 *Tunnel steppen*

Markieren Sie parallel zur Ansatznaht 2 Tunnelnähte. Steppen Sie die Nähte, dabei lassen Sie beidseitig der vorderen Mittelnaht jeweils 0,5 cm offen. Schneiden Sie die Gummibänder in Taillenweite plus 2 cm zu. Ziehen Sie diese mit einer Sicherheitsnadel in den oberen und mittleren Tunnel durch den Schlitz auf der Vorderseite ein. Die Enden der Gummibänder legen Sie 2 cm breit übereinander, fixieren diese mit Stecknadeln und steppen sie mit Riegeln fest. Am unteren Gummibandeinzug steppen Sie auf die Enden des Gummibandes die Bindebändchen.

7 *Saum steppen*

Bügeln Sie den Saum 1 cm und nochmals 2 cm breit um. Den Saum mit Nadeln feststecken und von rechts schmalkantig absteppen.

Abschluss ohne Bund

Hüfthosen und -röcke sind ein großer Trend, dabei werden häufig die Abschlüsse ohne einen angesetzten Bund gearbeitet. Selbst wenn auf der Außenseite des Rocks oder der Hose kein Bund sichtbar ist, eine spezielle Verarbeitung auf der Innenseite benötigen Sie in jedem Fall. Die obere Kante wird mit einem Beleg versäubert, den Sie als separates Schnittteil zuschneiden oder der direkt am Rock- oder Hosenteil angeschnitten wird.

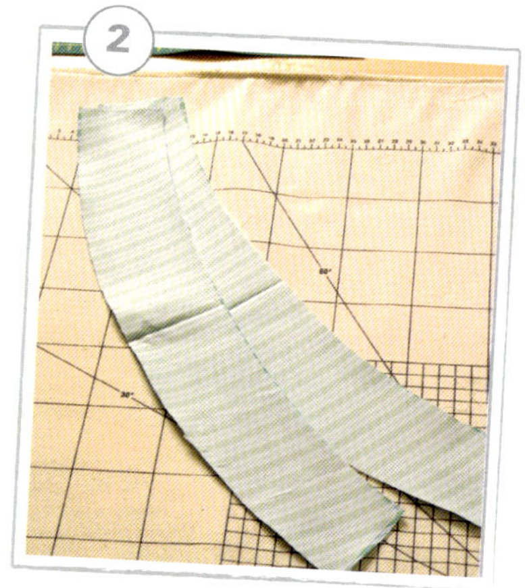

Tipp: Wollen Sie modisch auf dem laufenden sein, haben aber einen bewährten Rock- oder Hosenschnitt mit Bund, dann können Sie den Bund einfach weglassen und stattdessen die Kante mit einem Beleg verstürzen. Beachten Sie, dass Ihr Kleidungsstück nicht wie üblich in der Taille, sondern knapp unterhalb dieser endet.

Den Schnitt für den Beleg kopieren Sie an der Taillenkante ca. 3–4 cm breit vom Schnittteil des Vorder- und Rückteils. Nach dem Auschneiden legen Sie eventuelle Abnäher oder Fältchen ein, diese werden im Beleg nicht abgenäht. Dabei ändert sich die Form des Belegs, was so in Ordnung ist.

1 *Beleg zuschneiden*

Die Belege für Vorder- und Rückteil sind meistens als separate Schnittteile auf dem Schnittbogen abgedruckt, seltener sind sie im Schnittteil eingezeichnet. Ist das der Fall, dann müssen Sie diese zusätzlich auf Schnittpapier übertragen. Fadenlauf, Bruchkanten und Nahtlinien übernehmen Sie von den Angaben der Vorder- und Rückteile.

2 *Vlieseline aufbügeln*

Bügeln Sie auf die linken Stoffseiten der Belegteile Vlieseline. Denken Sie daran, die Vlieseline wird genauso wie die Stoffteile mit den entsprechenden Nahtzugaben zugeschnitten. Steppen Sie die Belegteile an den Seitennähten bzw. den Mittelnähten rechts auf rechts zusammen, die Nahtzugaben auseinanderbügeln und versäubern.

3 *Beleg annähen*

Nun stecken Sie den Bundbeleg rechts auf rechts an die obere Rockkante. Beachten Sie dabei, dass die Seitennähte bzw. Mittellinien genau aufeinandertreffen. Am Reißverschluss steht der Beleg in Nahtzugabenbreite über. Steppen Sie die Ansatznaht und schneiden Sie die Nahtzugaben zurück.

Gut zu wissen

Besatz oder Beleg?

Daran scheiden sich die Geister, was denn nun richtig ist bzw. was ist was.

Die Antwort ist ganz einfach, Besatz und Beleg sind das Gleiche. Mit einem Beleg (oder auch Besatz) können Schnittkanten wie Hals- oder Armausschnitte, also generell Kanten, verstürzt werden. Der Beleg wird genau wie die zu verstürzende Schnittkante zugeschnitten. Das Einnähen der Belege sollte man immer vor dem eigentlichen Zusammennähen machen.

Alternative: Sie können den vorderen und rückwärtigen Beleg vor dem Schließen der Seitennaht annähen.

4 *Nähte bügeln*

Bügeln Sie zuerst die Ansatznaht, anschließend die Nahtzugaben zusammengefasst in den Beleg. Falls Sie die Seitennähte durchgehend geschlossen haben, bügeln Sie deren Nahtzugaben auseinander und versäubern die Kanten.

5 *Stütznaht steppen*

Steppen Sie eine Stütznaht, um die Nahtzugaben zu fixieren. Dafür nähen Sie die Nahtzugaben, die in den Beleg gebügelt sind, dicht neben der Ansatznaht auf den Beleg. Nun klappen Sie den Beleg zur linken Seite und bügeln die Taillenkante. Die unteren Belegkanten versäubern.

6 *Reißverschlusskante*

Die Nahtzugaben an den Reißverschlusskanten zur linken Seite falten und bügeln. Anschließend klappen Sie den Beleg auf die linke Stoffseite über das Reißverschlussbändchen. Nähen Sie die Schmalseiten mit Handstichen am Reißverschlussband fest oder steppen Sie von rechts entlang der Reißverschlussnaht den Beleg fest.

7 *Beleg fixieren*

Damit der Beleg nicht nach oben oder zur Außenseite (bei Ausschnitten) klappt, fixieren Sie ihn mit Handstichen auf den Nahtzugaben der Seitennähte oder an Abnähern. Mit der Maschine können Sie auch im Nahtschatten der Seitennaht steppen.

Wenn Sie den Beleg vor dem Schließen der Seitennaht an der Taillenkante feststeppen, besteht die Möglichkeit, den Rock oder die Hose später problemlos in der Weite zu verändern. Sie müssten in diesem Fall bei Bedarf nur die Seitennaht von Beleg und des Rocks auftrennen. Wird der Beleg rundum in einem Stück angesetzt, müssen Sie bei einer Weitenregulierung immer erst den Beleg an der Taillenkante auftrennen und anschließend die Seitennähte im Beleg und des Rocks.

Belege befinden sich an vielen Abschlusskanten, dadurch sind diese perfekt versäubert. Auf der Zeichnung sehen Sie Belege am Armausschnitt und der vorderen und rückwärtigen Ausschnittkante. Die Verarbeitung erfolgt wie bei dem Bund: Ansetzen, Beleg wenden, die Stütznaht steppen und den Beleg an den Nahtzugaben mit Handstichen fixieren.

Übersicht Ärmel

Ärmel sind zum einen als wärmende Hülle für die kühleren Jahreszeiten notwendig, zum anderen bestimmen sie das modische Styling eines Kleidungsstückes, selbst dann, wenn die Ärmel weggelassen werden. Auch die Bekleidung der letzten Jahrtausende hat sich immer wieder interessante Ärmelvarianten einfallen lassen, so z. B. Ärmel zum Anknoten, Ärmel mit Längsschlitzen, durch die die Unterärmel herausgezupft wurden, schmale, anliegende Ärmel oder weit herabhängende Trompetenärmel.

Die Form der Armkugel, von ganz gerade bis stark gewölbt, ist ausschlaggebend für die Technik des Einsetzens. Die Verarbeitung des Ärmelabschlusses ist ebenfalls auf verschiedene Arten möglich. Am einfachsten ist ein glatter Saum, etwas aufwändiger ist die Verarbeitung mit einer Manschette, die das Handgelenk umschließt.

Flach angesetzter Ärmel

Diese Ärmelform wird nach dem Schließen der Schulternaht angenäht, die Seitennaht ist noch offen. Häufig ist der Ärmel mit der abgeflachten Kugel bei Herrenhemden und Hemdblusen zu finden.

1 *Mehrweite einhalten*

Ist eine geringe Mehrweite gegenüber des Armausschnitts vorhanden, können Sie diese durch leichtes Anschieben während des Nähens einarbeiten.

Ist Ihnen das zu unsicher, steppen Sie eine Reihnaht (s. Seite 63), ziehen den Unterfaden leicht an und verteilen die Mehrweite gleichmäßig auf die benötigte Länge.

2 *Armkugel einsetzen*

Stecken Sie die Armkugel rechts auf rechts an den Armausschnitt und beachten Sie die Einsatzzeichen am vorderen Ärmel, der Schulternaht etc. Achten Sie beim Einnähen darauf, dass sich an der Armkugel keine Fältchen bilden. Bei Hemden können Sie von der rechten Seite her die Naht 0,5 cm breit auf dem Ärmel absteppen.

3 *Nahtzugaben*

Die Nahtzugaben auf 0,5 cm Breite zurückschneiden und zusammengefasst versäubern. Die Nahtzugaben zur Bluse bügeln. Vorder- und Rückenteil und die Ärmelkanten rechts auf rechts legen und stecken. Die Naht durchgehend steppen. Die Nahtzugaben zurückschneiden und zusammengefasst versäubern.

Gut zu wissen

Einsatzmarkierungen

- An den Armkugeln und den Armlöchern finden Sie auf dem Schnitt Einsatzzeichen, die Sie genau beachten müssen.
- Je schmäler der Ärmel gearbeitet ist, umso besser müssen die Schnittteile dem Arm angepasst werden. Schmal fallende Blazerärmel bestehen deshalb aus 2 Teilen, dem Unter- und dem Oberärmel. Achten Sie auch hier auf die Ansatzzeichen.

Stark gerundete Blusenärmel

Bei dieser Ärmelform werden die Schulter- und Seitennähte vor dem Einsetzen des Ärmels geschlossen und versäubert. Der Ärmel selbst kann ein- oder zweiteilig sein, bei geteilten Ärmeln werden die Nähte ebenfalls zuerst geschlossen. Die meist stark gebogene Armkugel hat eine große Mehrweite und muss mit Reihnähten auf die entsprechende Weite eingehalten werden. Ganz wichtig für einen guten Sitz sind die Einsatzzeichen.

4 *Mehrweite einreihen*

Steppen Sie zwischen den Markierungspunkten zwei Reihnähte, die beidseitig der Nahtlinie mit etwa 3 mm Abstand liegen (s. Seite 63). Lassen Sie die Anfangs- und Endfäden herabhängen, die Stichlänge sollte 4, besser 6 mm betragen. Ziehen Sie von beiden Seiten die Unterfäden an und schieben Sie die Mehrweite zusammen.

5 *Ärmel einstecken*

Stecken Sie den Ärmel entsprechend der Einsatzzeichen, der Schulter- und der Seitennaht in das Armloch ein. Verteilen Sie die Mehrweite gleichmäßig, bis sie genau die erforderliche Länge hat.

6 *Ärmel einnähen*

Nähen Sie den Ärmel von der Ärmelseite aus zwischen den Reihnähten in das Armloch, dabei beginnen Sie an der Seitennaht.

Ärmel werden immer vom Ärmel aus gesteckt und eingenäht. Die Nahtzugaben können:
1. in den Ärmel gebügelt werden,
2. zum Armloch gebügelt werden,
3. ohne Richtungsangabe gebügelt werden, dann wird nur die Naht und die Nahtzugabe gebügelt.
Die Anweisungen dazu finden Sie in der jeweiligen Nähanleitung.

Achten Sie darauf, wenn die Ärmelweite nur eingehalten ist, dass sich keine Fältchen ergeben. Ist die Weite stark eingereiht, richten Sie beim Nähen die Fältchen immer im rechten Winkel zur Naht aus. Am besten geht das, wenn Sie mit den Fingern von der Naht weg zur linken Seite streichen.

7 *Nahtzugaben*

Die Nahtzugaben auf 0,5 cm Breite zurückschneiden und entsprechend der Nähanleitung bügeln. Abschließend die Nahtzugaben zusammengefasst versäubern.

Gut zu wissen

Einhalten

› Beim Einhalten ist nur eine geringe Mehrweite vorhanden, die mit einer oder zwei Reihnähten zusammengeschoben wird. Nach dem Einnähen des eingehaltenen Schnittteils sind keine Fältchen sichtbar.

Einreihen oder Kräuseln

› Ist viel Mehrweite vorhanden, dann wird das als einreihen oder kräuseln bezeichnet. Steppen Sie zwei Reihnähte und schieben Sie die Überlänge zusammen. Nach dem Einnähen sind kleine Fältchen sichbar.

Raglan-Ärmel

Legeres Kleid

Bei dieser Ärmelform verläuft die Einsatznaht in einer schrägen Linie vom Halsausschnitt zur Seitennaht, im Vorder- und im Rückenteil. Meistens sitzt ein Oberteil mit Raglanärmeln leger und ist daher sehr bequem. Wenn Sie das Kleid kürzen, erhalten Sie ein Sommershirt in Taillen-, Hüft- oder Oberschenkellänge.

Modellgröße:

Größe 38 und 42

Sie brauchen:

- 100 cm weich fallenden Stoff wie Jersey oder dünne Baumwolle, 140 cm breit
- 80 cm Elastikgummiband, 0,5 cm breit
- Allesnäher in passender Farbe

Hilfsmittel:

- Kopierrädchen
- Schnittpapier
- Stecknadeln
- Sicherheitsnadel

Zuschneiden:

Vorder- und Rückenteil, je 1x im Stoffbruch

Ärmel, 2x

zzgl. 1,5 cm Naht- und Saumzugabe

Vorlage:

Schnittbogen A, Teile 10–11

1 *Einsatzmarkierungen*

Legen und stecken Sie die vorderen Ärmel rechts auf rechts auf die Raglanschrägung der Vorderteile und beachten Sie dabei die Einsatzmarkierungen. Steppen Sie die Naht 1,5 cm breit. Schneiden Sie die Nahtzugaben zurück, versäubern Sie diese zusammengefasst. Die Nahtzugaben in Richtung der Ärmel bügeln. Die rückwärtigen Ärmelnähte ebenso arbeiten.

2 *Ärmel- und Seitennähte*

Legen Sie Vorder-, Rückenteil und die Ärmel rechts auf rechts entlang der Ärmel- und Seitennähte aufeinander. Stecken Sie die Nahtzugaben aufeinander und beachten Sie, dass die Ärmelnähte und die Taillenmarkierungen genau aufeinandertreffen. Die Nähte steppen, zurückschneiden und zusammengefasst versäubern zum Rücken hin bügeln.

3 *Ausschnittkante*

Bügeln sie die Ausschnittkante 0,5 cm und ein weiteres Mal 1 cm breit zur linken Seite. Stecken Sie den Umschlag fest und steppen Sie ihn von einer rückwärtigen Raglannaht aus rundum 0,8 cm breit. Ein etwa 80 cm langes Gummiband mit der Sicherheitsnadel einziehen, die Länge anprobieren, evtl. kürzen und die Enden aufeinandernähen. Die offene Naht verschließen.

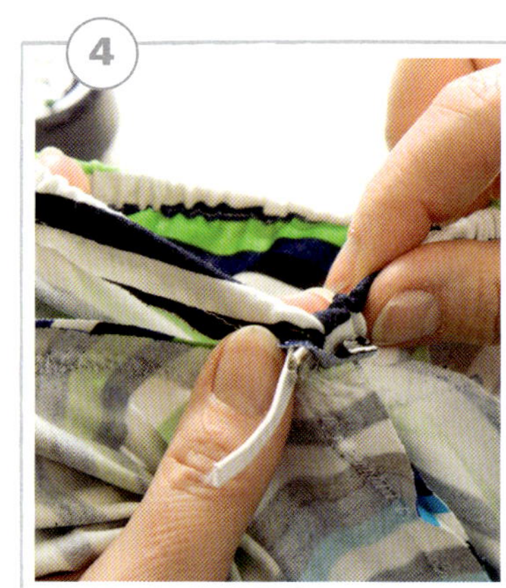

4 *Fertigstellen*

Arbeiten Sie die Ärmelkanten ebenso und ziehen Sie das Gummiband in Oberarmweite in den Tunnel ein. Die Saumkante 0,5 cm und nochmal 1 cm breit umbügeln, stecken und rundum 1 cm breit absteppen.

Für gemütliche Stunden am Wochenende oder zum Frühstücken im Familienkreis ist der Bademantel mit den weiten Kimonoärmeln ein charmanter Begleiter. Ob Teekannen auf Baumwolle, kuscheliger Flanellstreifen oder bestickte Satinseide, der Schnitt ist für alle weich fallenden Stoffe optimal geeignet.

Kimonoärmel

Bequemer Bademantel

Modellgröße:

Gr. 36–42

Sie brauchen:

- 220 cm hellblauen Baumwollstoff mit Teekannen, 145 cm breit
- 20 cm blau-weiß gemusterten Baumwollstoff, 145 cm breit
- Allesnäher in passender Farbe

Hilfsmittel:

- Bügeleisen
- Maßband, Handmaß, Lineal
- Schere
- Kreide

Zuschneiden:

Teekannenmuster:

Rückteil, 130 cm x 64 cm

Vorderteil, 2x je 130 cm x 42 cm

Ärmel, 2x je 80 x 33 cm

Achtung, die Musterrichtung beachten!

Blau-weiß gemustert:

Blende, 10 cm x 145 cm

Gürtel, 6 cm x 145 cm

Die meist gleichmäßig weite Ärmelform wird nicht nur bei Kimonos gearbeitet, sie ist auch an Blusen zu finden. Häufig werden die Ärmel direkt an das Oberteil angeschnitten, dafür benötigen Sie aber viel Stoff. Deswegen zeige ich den angesetzten Kimonoärmel.

Vorbereitung

Markieren Sie an den Vorderteilen die Schulterbreite in 22 cm Breite und an der vorderen Kante die Ausschnittschräge 62 cm tief. Die beiden Punkte mit dem Lineal verbinden und entlang der Markierung den Stoff wegschneiden. Achtung, Sie müssen die Teile symmetrisch zuschneiden.

1 *Ärmel ansetzen*

Stecken Sie Vorder- und Rückteil entlang der Schulternähte rechts auf rechts und steppen Sie die Naht 1 cm breit. Die Nahtzugaben zusammengefasst versäubern und zur Rückseite bügeln. Markieren Sie auf den Ärmeln die Mitte. Legen Sie die Ärmel rechts auf rechts auf Vorder- und Rückteil, dabei trifft die Mittelmarkierung auf die Schulternaht. Die Ärmelansatznaht absteppen, dabei am Anfang und Ende die Nahtzugaben freilassen. Die Nahtzugaben in den Ärmel bügeln und zusammengefasst versäubern.

2 *Nähte steppen*

Stecken Sie die Ärmel- und seitlichen Kanten des Vorder- und Rückteils rechts auf rechts. Steppen Sie nun die Ärmel- und die Seitennaht in einem Arbeitsgang 1 cm breit. Die Nahtzugaben unter den Ärmeln waagerecht einschneiden. Die Nahtzugaben zusammengefasst versäubern und bügeln.

3 *Blende ansetzen*

Bügeln Sie die Längskanten der Blende 1 cm breit zur linken Seite, den Streifen aufeinanderfalten und erneut bügeln. Stecken Sie die aufgefaltete Blende rechts auf die vordere Ausschnittschräge und dem rückwärtigen Ausschnitt. 1 cm breit steppen und die Enden des Streifens verstürzen (s. Seite 93). Die Kanten eingefaltet zur linken Seite klappen. Die Nahtzugabe feststecken und von rechts schmalkantig feststeppen. Alle übrigen Kanten des Kimonos 0,5 cm und erneut 1 cm breit auf die linke Seite bügeln und schmalkantig feststeppen.

Gürtel

Alle Kanten 1 cm breit auf die linke Seite falten und bügeln. Falten Sie die Längskanten aufeinander, bügeln und steppen Sie diese rundum schmalkantig ab.

Sommerbluse

Mit Puffärmeln

Kleidergröße:

Größe 38

Sie brauchen:

- 120 cm dünnen Baumwollstoff, 140 cm breit
- 60 cm Elastikgummi, 0,6 cm breit
- Allesnäher in passender Farbe

Hilfsmittel:

- Schere
- Bügeleisen
- Steck- und Sicherheitsnadeln
- Kreide
- Schnittpapier
- Kopierrädchen

Zuschneiden:

Vorder- und Rückteil, je 1x im Stoffbruch

Ärmel, 2x

Teile zzgl. 1 cm Naht- und 2 cm Saumzugabe

Schrägband, 4 cm x 80 cm

Vorlage:

Schnittbogen A, Teile 12–14

Die leichte Sommerbluse mit den Puffärmeln hat eine einfache, aber wirkungsvolle Schnittgestaltung. Die kurzen Ärmel werden mit einem bequemen Elastikgummi gerafft, durch die Weite benötigen Sie keinen Verschluss – genau das richtige Anfängerstück. Wichtig ist, dass der Stoff weich und dünn ist.

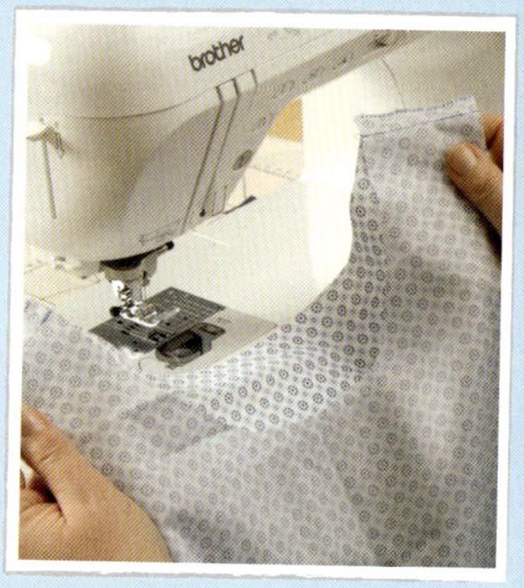

1 Legen Sie Vorder- und Rückteil rechts auf rechts aufeinander und stecken Sie die Schulternähte. Die Schultern 1 cm breit steppen und versäubern. Die Nahtzugaben zum Rückteil bügeln.

2 Bügeln Sie den Schrägstreifen längs, links auf links gefaltet. Stecken Sie den Schrägstreifen mit den Schnittkanten entlang der Ausschnittkanten fest. Die Naht 1 cm breit rundum steppen, dabei das Ende des Streifens eingeschlagen unter den Anfang schieben. Die Nahtzugaben 0,5 cm breit zurückschneiden, in den Rundungen senkrecht einschneiden und bügeln. Anschließend falten Sie das Schrägband entlang der Nahtlinie zur linken Seite, stecken das Band fest und bügeln die Ausschnittkante. Von der rechten Seite anschließend 0,5–0,75 cm breit steppen.

3 Legen Sie Vorder- und Rückteil entlang der Seitennähte rechts auf rechts und stecken Sie die Kanten aufeinander. Die Nähte 1 cm breit steppen, zusammengefasst versäubern und in das Rückteil bügeln.

4 Die Ärmelnähte rechts auf rechts steppen, versäubern und in Richtung des vorderen Ärmels bügeln.

Den Ärmelsaum zweimal je 1 cm breit nach links falten und bügeln. Den Saum rundum schmalkantig steppen, dabei über der Ärmelnaht einen kleinen Schlitz für den Gummibandeinzug offenlassen.

5 Steppen Sie eine doppelte Reihnaht zwischen den Markierungszeichen. Verknoten Sie die Unterfäden auf einem Ende der Reihnaht, die Unterfäden des anderen Endes ziehen Sie fest an. Stecken Sie den Ärmel rechts auf rechts in das Armloch, dabei liegt die Ärmelnaht auf der Seitennaht und die Mittelmarkierung der Armkugel auf der Schulternaht. Die Reihweite entsprechend verteilen und die Armkugel vom Ärmel aus zwischen den Reihnähten einsteppen. Die Nahtzugaben zusammengefasst versäubern und in den Ärmel bügeln.

6 Den Elastikgummi halbieren und mit einer Sicherheitsnadel in den Ärmeltunnel einziehen. Die Weite den Oberarmen anpassen, die Enden des Gummibandes 2 cm breit übereinanderlegen und mit einem Riegel festnähen.

Übersicht Ärmelabschlüsse

Ob glatter Saum, Gummibündchen oder Manschette, der Ärmel benötigt am unteren Ende einen Abschluss. Die Art der Verarbeitung hängt wie immer, vom Stoff, aber auch vom beabsichtigten Stil des Kleidungsstückes ab. Ist der Ärmelabschluss wie bei einer Manschette enger als die Handweite, wird vorher ein Schlitz in den Ärmel gearbeitet, sodass Sie problemlos durchgreifen können.

Eingefasster Schlitz

1 *Schlitzstreifen*

Schneiden Sie zum Einfassen der Schlitzkanten einen Stoffstreifen in doppelter Schlitzlänge plus 3 cm mit ca. 3–4 cm Breite zu. Markieren Sie die Linie des Schlitzes auf dem Ärmel und umsteppen Sie die Linie schmalkantig mit einer Geradstichnaht = Stütznaht, dabei steppen Sie am Ende des Schlitzes einen querliegenden Stich und setzen die Naht auf der zweiten Schlitzseite fort. Schneiden Sie den Schlitz bis etwa 2 mm vor dem Querstich der Stütznaht ein.

2 *Streifen aufsteppen*

Bügeln Sie die Längskanten der Schlitzstreifen 5 mm breit auf die linke Seite, anschließend falten Sie die Bruchkanten aufeinander und bügeln auch diese. Stecken Sie den Schlitzstreifen rechts auf links entlang der Bügelmarkierung auf den auseinandergezogenen Schlitz. Achten Sie darauf, dass die Stütznaht innerhalb der Nahtzugabe liegt und steppen Sie die Naht 0,5 cm breit. Bügeln Sie die Nahtzugaben zusammengefasst in den Schlitzstreifen.

3 *Schlitz einfassen*

Falten Sie den Schlitzstreifen um die Kante zur rechten Stoffseite. Stecken Sie die eingeschlagene Kante so über der Ansatznaht fest, dass diese verdeckt wird. Steppen Sie die Kante von der rechten Seite schmalkantig fest.

4 *Schlitzende fixieren*

Falten Sie den Ärmel entlang des Schlitzes rechts auf rechts, sodass der Schlitzstreifen zur rechten Seite übersteht. Steppen Sie das Schlitzende von der Ansatznaht aus zum Bruch hin schräg ab.

5 *Schlitz aufeinanderlegen*

Legen Sie den Schlitzstreifen so, dass er an der vorderen Schlitzkante = Übertritt der Manschette unter dem Ärmel liegt.

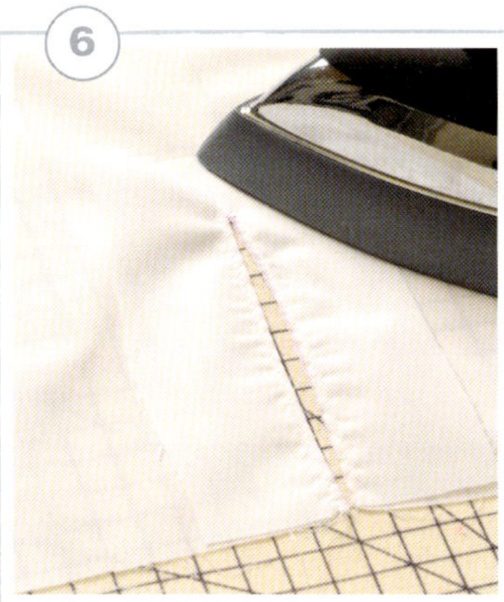

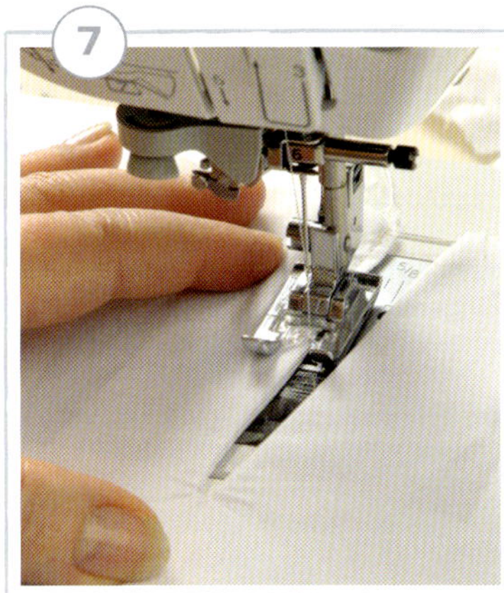

Ärmelschlitz mit Beleg

Das Verstürzen mit einem Beleg ist ebenso einfache wie auch schnell, um den Schlitz einzufassen. Sie benötigen zwei Stoffstreifen in etwa 4 cm Breite und der Schlitzlänge plus 4 cm.

6 *Schlitz markieren*

Markieren Sie die Schlitzlinie auf der rechten Seite des Ärmels, außerdem auf der Mitte des Schlitzbelegs. Stecken Sie den Beleg rechts auf rechts genau mittig auf die Schlitzmarkierung. Umsteppen Sie die Schlitzmarkierung mit 2 mm Abstand mit einer Stichlänge von 2 mm. Am Schlitzende steppen Sie 2 Querstiche. Schneiden Sie den Schlitz mittig ein, zu den Ecken hin kleine Schrägen einknipsen und bügeln.

7 *Belegstreifen steppen*

Bügeln Sie die Schlitznaht und wenden Sie den Streifen auf die linke Seite. Den Schlitz entlang der Nahtlinie gut bügeln. Nun versäubern Sie die Streifenkanten. Sie können den Schlitz von rechts schmalkantig absteppen.

Wenn Sie diesen Schlitz etwas breiter arbeiten, das heißt, statt 2 Querstichen am Ende etwa 5–6 arbeiten, dann können Sie hier auch einen sichtbar eingesetzten Reißverschluss einnähen. Ein sicherlich ausgefallener, aber interessanter Verschluss eines Ärmels. Denken Sie aber daran, dass der Ärmel etwas länger zugeschnitten werden muss, da die Manschette entfällt.

Manschetten nähen

Die Manschette wird aus einem Teil zugeschnitten. Es gibt auch zweigeteilte Manschetten, diese werden an der unteren Manschettenkante mit einer Naht verbunden.
Manschetten haben einen Übertritt, auf dem das Knopfloch eingestickt wird, auf dem Untertritt wird der Knopf angenäht.

8 *Manschetten bügeln*

Bügeln Sie die Manschette längs rechts auf rechts zur Hälfte. Schneiden Sie aufbügelbare Einlage in der Größe der halben Manschette zu und bügeln Sie diese von der Bruchkante aus auf die linken Stoffseite der Oberseite. Bügeln Sie die Nahtzugabe der Manschettenlängskante ohne Einlage zur linken Seite.

9 *Schmalseiten verstürzen*

Falten Sie die Manschette längs rechts auf rechts, dabei ist die Nahtzugabe der Unterseite eingeschlagen. Steppen Sie die Schmalseiten in Nahtzugabenbreite aufeinander. Schneiden Sie die Nahtzugaben zurück und an den Ecken schräg weg.

10 *Manschette wenden*

Wenden Sie die Manschette auf die rechte Seite und formen Sie die Kanten und die Ecken gut aus. Die Kanten bügeln.

»

Manschetten ohne Untertritt ansetzen

11 *Ansatznaht*

Stecken Sie die Oberseite der Manschette rechts auf rechts von der Schlitzkante aus auf die Ärmelkante. Achten sie darauf, dass der Einfassstreifen unter die Vorderseite des Ärmels geklappt ist. Die Enden der Manschette bilden die Verlängerung der Schlitzkanten. Die Ansatznaht steppen und die Nahtzugaben in die Manschette bügeln.

12 *Innenseite fixieren*

Die seitlichen Kanten rechts auf rechts legen und steppen. Die Nahtzugaben zurückschneiden und die Manschette wenden. Die eingeschlagene Kante feststecken. Entweder von der rechten Seite her schmalkantig durch alle Lagen steppen oder mit Handstichen auf der Innenseite entlang der Ansatznaht festnähen.

Statt Handstichen oder einer Naht können Sie die innere Kante mit Fixierband festbügeln. Dazu das Band auf die Nahtzugabe bügeln, das Trägerpapier jedoch nicht abziehen. Die Nahtzugabe nach innen klappen und bügeln, anschließend das Trägerpapier abziehen und die Öffnung durch Bügeln verschließen.

Manschetten mit Untertritt ansetzen

Die vorbereitete, ein- oder zweiteilige Manschette an den Schmalseiten offenlassen.

13 *Ansatznaht*

Stecken Sie die verstärkte Oberseite rechts auf rechts auf die Ärmelkante, dabei steht die Manschette an der rückwärtigen Schlitzkante für den Untertritt über. An der vorderen Schlitzkante steht nur die Nahtzugabe über. Steppen Sie die Oberseite in Nahtzugabenbreite fest.

14 *Schmalseiten verstürzen*

Falten Sie die Manschette längs rechts auf rechts, die Nahtzugaben liegen dabei in Ärmelrichtung. Stecken Sie die Schmalseiten aufeinander, am Übertritt steppen Sie die Naht in Verlängerung der Schlitzkante. Am Untertritt verstürzen Sie die Schmalseiten der Manschetten und weiter die Querkante des Untertritts. Die Nahtzugaben zurück- und an den Ecken schräg wegschneiden. Die Manschette wenden.

15 *Innenseiten fixieren*

Bügeln Sie die Nahtzugaben in die Manschette und stecken Sie die eingeschlagenen Kanten fest. Falls Sie Fixierband verwenden, bügeln Sie dieses vor dem Stecken entlang der Nahtzugabe. Sie können die Manschette auf der Innenseite mit Handstichen oder von rechts im Nahtschatten schmalkantig absteppen.

Da der Untertritt an die Manschette angeschnitten ist, liegen die Schlitzkanten genau aufeinander. Diese Verarbeitung ist sehr elegant und wirkt zudem absolut professionell. Vom Schwierigkeitsgrad her besteht gegenüber einer bündig angesetzten Manschette kein Unterschied.

Manschetten-Armband

Mit dekorativen Elementen

Modellgröße:

Umfang des Handgelenks

Sie brauchen:

- Stoffrest in Weiß oder gemustert
- Rest Vlieseline H 200
- 2 dekorative Knöpfe
- Bordüre oder Spitze nach Belieben
- Allesnäher in passender Farbe

Hilfsmittel:

- Handnähnadel
- Schnittpapier
- Kopierrädchen

Zuschneiden:

Manschette, 2x aus Stoff, 1x aus Vlieseline

zzgl. 1 cm Nahtzugabe

Vorlage:

Schnittbogen A, Teil 29

Ein ungewöhnliches Schmuckstück mit Aha-Effekt für ein ärmelloses Oberteil ist eine separate Manschette mit einem schönen Knopf. Den „Manschettenknopf" dafür nähen Sie aus zwei einzelnen Knöpfen zusammen. Ob zum kleinen Schwarzen oder einfach einem schlichten Top, das Manschetten-Armband ist ein echter Tipp!

1 Bügeln Sie Vlieseline auf einen Manschettenzuschnitt und die Bruchkante der Manschette auf beiden Schnittteilen als Markierung ein.

2 Legen und stecken Sie die Manschettenzuschnitte rechts auf rechts und steppen Sie die Naht rundum. Die Nahtzugaben zurück- und anschließend an den Ecken schräg wegschneiden. Nun bügeln Sie auf die Nahtzugabe einer Schlitzkante Vliesofix T6. Die Manschette wenden und die Kanten ausformen. Das Trägerpapier abziehen und beim Bügeln der Manschette die Schlitzkanten schließen. Stecken Sie die Spitze entlang der äußeren Kante auf die Manschette und nähen Sie diese mit unsichtbaren Handstichen fest.

3 Arbeiten Sie vier Knopflöcher an den markierten Stellen. Verbinden Sie zwei Knöpfe mit einem 1 cm langen Riegel: Knoten Sie den Nähfaden am Steg eines Knopfes ein. Stechen Sie durch den zweiten Knopf. Um einen gleichmäßigen Abstand der Spannfäden zu erhalten, legen Sie zwischen die beiden Knöpfe einen 1 cm breiten Kartonstreifen und wickeln die Fäden darum herum, dabei auf jeder Seite durch die Knopfstege stechen. Nach 6–8 Wicklungen den Karton abziehen und den Faden dicht unterhalb eines Steges verknoten. Die Wicklungen dicht mit Languettenstichen umstechen bis zum zweiten Steg, dort den Faden verknoten.

Übersicht Kragenarten

Der Kragen eines Bekleidungsstückes ist in erster Linie ein funktioneller Abschluss, aber modisch gesehen ein wichtiges Statement, denn schließlich fällt er als erstes ins Auge des Betrachters. Je nach Trend sind Krägen groß und ausladend bis sehr schmal und unauffällig oder sie werden vollständig weggelassen. Hemdkragen mit Steg als Elemente der Herrenmode zieren ebenfalls klassische Hemdblusen der Damenwelt. Reverskragen sind hauptsächlich bei Jacken und Blazern zu finden, es gibt sie in unzähligen Varianten.

1

2

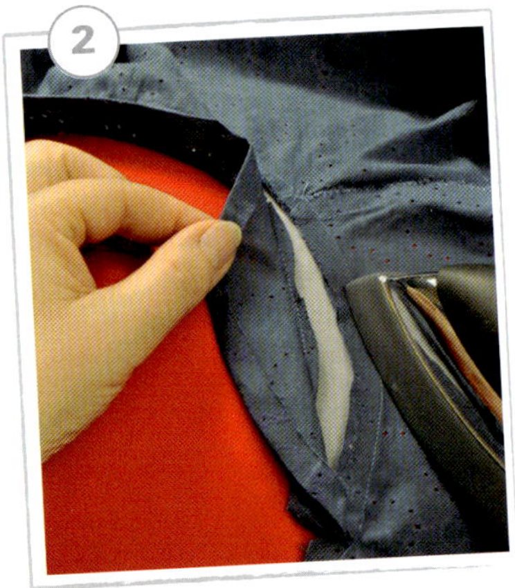

3

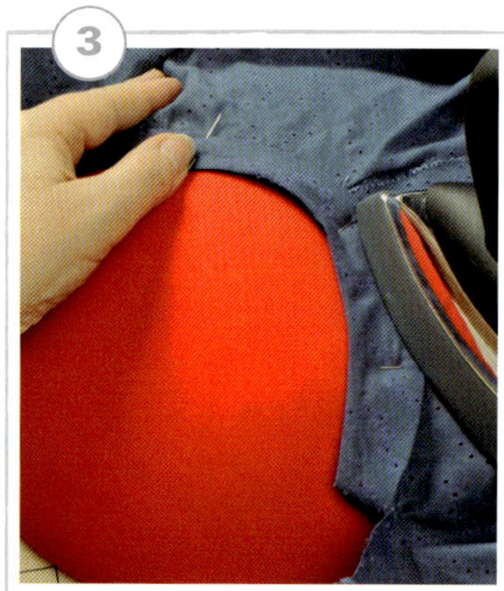

4

Stehkragen

Damit ein Stehkragen gut am Hals anliegt, wird er leicht gerundet zugeschnitten. Auf den Oberkragen = äußere Stehkragenseite Vlieseline bügeln.

1 *Kragen verbinden*

Bügeln Sie die Nahtzugabe entlang der Ansatzlinie des Unterkragens auf die linke Seite. Legen Sie die Kragenteile rechts auf rechts und steppen Sie die Naht ab der Nahtzugabe der einen vorderen Kante über die obere Kante bis zur anderen vorderen Kante, die Nahtzugabe nicht mitsteppen. Die Nahtzugaben zurück-, an den Rundungen senkrecht bis kurz vor die Naht einschneiden.

2 *Kragen ansetzen*

Wenden Sie den Kragen auf die rechte Seite und formen Sie die Kanten gut aus. Stecken Sie die Nahtzugabe des Oberkragens auf die Ansatzlinie am Halsausschnitt, dabei die Einsatzzeichen wie rückwärtige Mitte und Schulternähte beachten. Die Naht steppen und bügeln. Die Nahtzugaben zuerst auseinander, anschließend in den Stehkragen bügeln.

3 *Unterkragen fixieren*

Nun stecken Sie die eingefalteten Nahtzugaben des Unterkragen über die Nahtansatzlinie auf der Innenseite. Nähen Sie den Unterkragen mit Handstichen auf der Innenseite fest oder steppen Sie von der rechten Seite schmalkantig neben der Ansatznaht oder im Nahtschatten durch alle Lagen.

Der Schnitt des Stehkragens entscheidet, ob dieser flach um den Hals liegt oder aufrecht den Hals umschließt.

Hemdkragen mit Steg

Hier wird der Kragen mit Steg am Halsausschnitt angesetzt. Auch hier wird der Oberkragen von Kragen und Steg mit Vlieseline verstärkt.

4 *Kragen nähen*

Legen und stecken Sie die Kragenteile rechts auf rechts aufeinander und steppen Sie die Außenkanten aufeinander. Die Ecken schräg weg- und die Nahtzugaben zurückschneiden. An Rundungen die Nahtzugaben senkrecht einschneiden. Die Kante bügeln und den Kragen wenden, die Ecken gut ausformen und

bügeln. Wenn es Ihnen gefällt, können Sie den Kragen entlang der Kanten schmalkantig oder füßchenbreit absteppen.

5 *Kragen zwischenfassen*

Legen Sie die Stegteile rechts auf rechts, dabei liegen die versärkten Teile immer unten und schieben Sie den Kragen entsprechend der Ansatzmarkierungen dazwischen. Die Teile aufeinanderstecken. Steppen Sie die Naht des Stegs ab den Nahtzugaben und fassen Sie den Kragen dazwischen mit. Die Nahtzugaben zurück- und an den Rundungen senkrecht einschneiden.

6 *Unterkragen fixieren*

Bügeln Sie die Nahtzugaben des Kragenstegs der Innenseite auf die linke Seite. Steppen Sie den Steg wie unter Schritt 2 (s. Seite 128) Stehkragen, an den Halsausschnitt.

Reverskragen

Die einfachste Form der Reversverarbeitung ist ein angeschnittenener oder separater Beleg an den vorderen Kanten, die den Kragen am Vorderteil zwischenfassen. Am Rückteil wird ein separater Beleg gearbeitet. Ganz besonders wichtig für einen guten Sitz ist beim Nähen des Reverskragens, dass Sie die Einsatzmarkierungen genau beachten.

7 *Belege und Kragen vorbereiten*

Bügeln Sie Vlieseline auf alle Belegteile und steppen Sie die Verbindungsnähte der vorderen mit den rückwärtigen Belegen an der Schulternaht. Die Nahtzugaben auseinanderbügeln. Verstärken Sie den Oberkragen mit Vlieseline, nach Anweisung der Nähanleitung evtl. auch den Unterkragen und bereiten Sie diesen wie den Hemdkragen (Schritt 4, s. Seite 128) vor.

8 *Kragen zwischenfassen*

Stecken Sie den Kragen entsprechend der Einsatzmarkierungen an den Halsausschnitt. Nun klappen Sie den angeschnittenen Beleg mit rückwärtigem Beleg rechts auf rechts auf die vorderen und rückwärtigen Kanten. Steppen Sie die Naht, beginnend bei der rückwärtigen Mitte zur vorderen Mitte zum Saum. Die zweite Seite ebenso arbeiten. Die Nahtzugaben an den Rundungen senkrecht bis kurz vor die Nahtlinie ein-, an den Ecken schräg wegschneiden.

9 *Revers bügeln*

Nun bügeln Sie die Nahtzugaben zuerst auseinander, dann in Richtung der Belege. Am besten lassen sich die gerundeten Nähte über dem Bügelkissen oder einem Bügelei formen.

10 *Revers stecken*

Wenden Sie die Belege auf die rechte Seite und formen Sie die Kanten gleichmäßig aus. Die Kanten bügeln und evtl. rundum schmalkantig von rechts absteppen.

Hemdbluse

Mit angeschnittenen Ärmeln

Kleidergröße:

Größe 38

Sie brauchen:

- 110 cm Blusenstoff, 140 cm breit, z. B. Viskose, Baumwolle, Leinen oder Seide
- 35 cm Vlieseline H 200, 140 cm breit
- 7 Knöpfe ø bis 0,7 cm
- Allesnäher in passender Farbe

Hilfsmittel:

- Schere
- Schnittpapier
- Kopierrädchen
- Kreide oder Textilmarkierstift

Zuschneiden:

Vorderteil, 2x; Rückteil, 1x im Stoffbruch; Kragen und Steg, je 2x im Stoffbruch

Kragen und Steg, je 2x aus Vlieseline im Stoffbruch

Streifen für die Knopfleiste aus Vlieseline, je 2x
3 cm x 62 cm

zzgl. 1 cm Naht- und 2 cm Saumzugabe

Vorlagen:

Schnittbogen B, Teile 15–18

1 Bügeln Sie die Einlage auf den Oberkragen, den inneren Kragensteg und die linke Seite der Knopfleisten.

2 Legen und stecken Sie die Brustabnäher im Vorderteil und die Abnäher an der rückwärtigen Schulter entlang der Abnäherlinien rechts auf rechts aufeinander. Steppen Sie die Abnäher auslaufend von der Stoffkante zur Spitze, die Nähte verriegeln oder die Fäden verknoten.

3 Bügeln Sie die Abnäher an der Schulter in Richtung des Halsausschnittes, die Brustabnäher nach unten gerichtet. Legen Sie Vorder- und Rückteil entlang der Schultern rechts auf rechts und steppen Sie die Naht. Zusammengefasst versäubern und in das Rückteil bügeln.

4 Falten Sie die beiden Knopfleisten entsprechend der Umbruchlinien zur rechten Seite. Stecken Sie die Kanten und bügeln Sie diese. Die Knopfleisten beidseitig schmalkantig absteppten.

5 Stecken Sie die Oberkragenteile rechts auf rechts und steppen Sie die beiden Schmalseiten und die äußere Kante 1 cm breit aufeinander. Die Nahtzugaben zurück- und an den Ecken schräg wegschneiden. Die Naht bügeln, den Kragen wenden und die Kanten gut ausformen. Achten Sie darauf, dass der Oberkragen beim Bügeln von der rechten Seite gering über die Nahtlinie übersteht. Die Kanten schmalkantig absteppen.

6 Bügeln Sie am Innensteg (verstärkte Seite) die Nahtzugaben der Ansatzlinie 1 cm breit auf die linke Seite. Legen Sie nun den Oberkragen zwischen die oberen Kragenstegkanten, dabei liegen die jeweils verstärkten Seiten des Kragens und des Kragensteges direkt übereinander. Beachten Sie die Einsatzmarkierungen am Kragenende, in Höhe der Schulterlinie und der rückwärtigen Mitte. Steppen Sie die Naht zwischen den Nahtzugaben des Kragensteges. Die Nahtzugaben zurückschneiden und an den Rundungen senkrecht einschneiden. Die Naht bügeln und den Steg wenden. Die Ansatznaht gut ausformen und bügeln.

7 Stecken Sie den äußeren Kragensteg auf den Halsausschnitt, achten Sie dabei auf die Ansatzmarkierungen. Steppen Sie die Naht, die Nahtzugaben zurück- und senkrecht einschneiden. Bügeln Sie die Nahtzugaben in den Kragensteg. Nun stecken Sie den inneren Kragensteg mit eingeschlagenen Kanten knapp über die Ansatznaht. Sie können die Kante mit Handstichen festnähen, mit Vliesofix T10 aufbügeln oder schmalkantig mit der Maschine feststeppen.

8 Arbeiten Sie Knopflöcher in die Knopfleiste entsprechend der Schnittvorlage. Da die Knopfleiste sehr schmal ist, zeichnen Sie die benötigte Länge der Knopflöcher in Längsrichtung auf der Leiste an.

9 Legen Sie das Vorder- und Rückteil rechts auf rechts, stecken Sie die Seitennähte aufeinander und steppen Sie diese. Zusammengefasst versäubern und in das Rückteil bügeln. Die Ärmelkanten zweimal je 1 cm auf die linke Seite bügeln und schmalkantig feststeppen. Die Saumkante ebenso zweimal je 1 cm zur linken Seite bügeln und absteppen.

Übersicht Taschen

Es sind die Details, die den Stil eines Bekleidungsstückes und auch der Accessoires ausmachen. So unterstreichen Taschen, die aufgesetzt, abgesteppt und mit Knöpfen bestückt sind, einen sportlichen Stil. Dagegen sind Taschen, die in der Naht eingearbeitet sind, so gut wie unsichtbar und betonen eine klare, elegante Linie.

Aufgesetzte Taschen

Taschen auf Hemden und Blusen sind in der Regel aus Oberstoff genäht.

1 *Beleg versäubern*

Falten Sie den angeschnittenen Beleg der Tasche an der Oberkante rechts auf rechts und steppen Sie die seitlichen Kanten aufeinander. Die Ecken schräg wegschneiden und den Beleg wenden. Sie können die Taschenkante bei Bedarf an der oberen Kante absteppen.

2 *Taschenkanten umbügeln*

Falten Sie die Nahtzugaben der Taschenunterkante nach links und bügeln Sie die Kante, anschließend die seitlichen Kanten im Verlauf der Belegnaht falten und bügeln.

3 *Tasche aufsteppen*

Stecken Sie nun die Tasche auf die entsprechende Markierung des Vorderteils und steppen Sie diese an den Längs- und der unteren Seite schmalkantig fest. Den Nahtanfang und das -ende verriegeln.

Verstürzte und aufgesetzte Tasche

Hier besteht die Möglichkeit, die Tasche mit einem Bruch doppelt zuzuschneiden oder Sie verstürzen zwei gleich große Taschenteile miteinander.

4 *Kanten verstürzen*

Legen Sie das Schnittteil im Bruch rechts auf rechts bzw. beide Teile rechts auf rechts aufeinander. Steppen Sie die Naht rundum bzw. von Oberkante zu Oberkante. Dabei lassen Sie bei beiden Versionen an der Unterkante einen etwa 6 cm großen Schlitz zum Wenden offen.

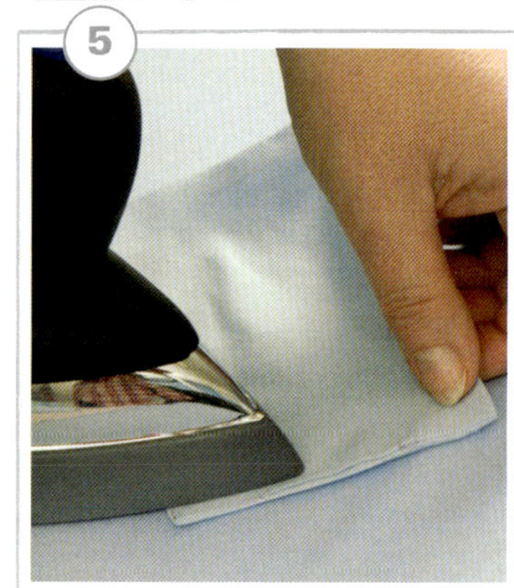

5 *Tasche wenden*

Die Nahtzugaben zurückschneiden, bügeln und die Taschen durch den Schlitz wenden. Die Kanten formen und bügeln, dabei die Nahtzugaben zur Innenseite schieben. Die Tasche entlang der Kanten aufsteppen, dabei den Schlitz an der Unterkante schließen.

Nahteingrifftaschen

Diese Taschen verschwinden nahezu unsichtbar in den Seitennähten von Kleidern, Röcken, Jacken und längeren Oberteilen.

6 *Ansatznähte steppen*

Versäubern Sie die Schnittkanten der Vorder- und Rückteile, außerdem die Längskanten der Taschenbeutel. Stecken Sie die Taschenbeutel zwischen die Markierungen der Vorder- und Rückteile und steppen Sie die Längskanten zwischen den Nahtzugaben.

7 *Ansatznähte bügeln*

Nun klappen Sie die Taschenbeutel über die Nahtzugaben und bügeln die Ansatznaht.

8 *Seitennähte steppen*

Stecken sie nun das Vorder- und Rückteil mit den angenähten Taschenbeuteln aufeinander. Steppen Sie die Nähte bis bzw. ab den Markierungen der Taschenbeutel, dabei die Nähte verriegeln. Die Nahtzugaben auseinanderbügeln. Anschließend klappen Sie den rückwärtigen Taschenbeutel auf den vorderen und stecken die Beutelkanten rechts auf rechts aufeinander. Die Naht steppen und die Nahtzugaben zurückschneiden, zusammengefasst versäubern.

Hüftpassentaschen

Die klassische Hüftpassentasche kennen Sie von Ihrer Jeans. Die Eingriffslinie verläuft schräg oder gerundet vom Bund zur Seitennaht.

9 *Tascheneingriffkanten nähen*

Stecken Sie das Taschenteil rechts auf rechts auf das Vorderteil mit den Tascheneingriffskanten. Steppen Sie die Naht, schneiden Sie die Nahtzugaben zurück und an den Rundungen senkrecht ein. Die Naht bügeln und das Taschenteil zur linken Seite entlang der Nahtlinie wenden. Stecken Sie die Kanten mit Nadeln fest und bügeln Sie sie. Die Kanten schmalkantig oder füßchenbreit wie bei der Jeans absteppen.

10 *Hüftpasse nähen*

Legen Sie das Vorderteil mit dem Tascheneingriff passgenau auf die Markierung der Hüftpasse. Es ist ganz wichtig, dass diese wirklich genau aufeinanderliegen, da eine Änderung den Schnitt und den Sitz des Kleidungsstückes beeinflusst. Heften Sie die Teile entlang des Tascheneingriffs aufeinander.

11 *Taschenbeutel nähen*

Stecken Sie auf der linken Stoffseite die Taschenbeutelkanten von der Taillenkante bis zur Seitennaht aufeinander. Steppen Sie die Taschenbeutelnaht und versäubern Sie die Kanten zusammengefasst.

12 *Taille und Seitennaht*

Heften Sie den Taschenbeutel entlang der oberen und seitlichen Kante an das Vorderteil. Mit dem Taillenbund und der Seitennaht wird die Hüftpasse fixiert.

»

Blasebalg-Tasche

Auf einer Tasche

Modellgröße:

40 cm x 30 cm x 10 cm, Trägerlänge 23 cm

Sie brauchen:

- je 70 cm x 50 cm Blümchen-, gestreiften und unifarbenen Baumwollstoff
- 50 cm Volumenvlies H 630, 90 cm breit
- 100 cm Vlieseline Kantenband
- Allesnäher in passender Farbe

Hilfsmittel:

- Lineal, Maßband
- Kreide oder Textilmarkierstift
- Bügeleisen
- Schere
- Stecknadeln

Zuschneiden:

Blümchen-, Unistoff und Volumenvlies, je 42 cm x 70 cm

Blasebalgtasche gestreifter Stoff, 20 cm x 20 cm

Träger gestreifter Stoff, 2x je 8 cm x 25 cm

Blasebalgtaschen fassen enorm viel Inhalt durch die eingelegten Falten in der Tiefe. Stecken Sie in die aufgesetzte Tasche Geldbeutel, Smart-Phone oder den Schlüsselbund, so haben Sie alles schnell zur Hand. Wenn Sie noch einen Klettverschluss unter den oberen Rand nähen, dann ist der Inhalt zusätzlich gesichert.

1

2

3

1 *Kanten bügeln*

Bügeln Sie die obere Taschenkante zweimal je 1 cm zur linken Seite. Steppen Sie die Kante von rechts schmalkantig ab. Die Nahtzugabe der übrigen drei Seiten 1 cm breit und erneut 4 cm breit auf die linke Seite bügeln.

2 *Faltkanten bügeln*

Für die Falte der Taschentiefe wenden Sie die Tasche auf die linke Seite und falten den innenliegenden Bügelbruch bündig auf den äußeren Bügelbruch. Diese Kanten einbügeln. Falls Sie sicher sein wollen, dass Sie im Laufe der Arbeit die Kanten nicht wieder herausbügeln, markieren Sie diese mit dem Lineal und Kreide auf den Bügelkanten.

3 *Außenkanten*

Falten Sie die 4 cm breiten Längskanten im Bügelbruch um und steppen Sie diese schmalkantig bis zur 4 cm breiten Bügekante ab. Die Längsseiten wieder aufklappen, nun die untere Kante in 4 cm Breite umfalten. Steppen Sie die untere Querkante schmalkantig von Längskante bis Längskante ab.

4 *Untere Taschenkante steppen*

Stecken Sie die untere Taschenkante auf der markierten Taschenansatzline auf, an den Seiten steht der 4 cm breite Faltenbruch über. Steppen Sie die untere Taschenkante schmalkantig auf, die Enden offenlassen.

4

5 *Seitliche Taschenkanten fixieren*

Schieben Sie die senkrechten äußeren Bügelkanten beidseitig unter die senkrechten Stepplinien des Taschenbeutels. Die Kanten der Stepplinien liegen dabei deckungsgleich über den seitlichen Bruchkanten. Steppen Sie nun die seitlichen Kanten schmalkantig auf, dabei falten Sie die darüberliegenden Steppkanten zur Taschenmitte. Legen Sie die Falten der Tasche am Eingriff deckungsgleich aufeinander. Den Eingriff durch alle Lagen von oben 2 cm absteppen, dabei verriegeln.

6 *Tasche nähen*

Bügeln Sie die Längskanten der Träger 1 cm auf die linke Seite. Anschließend die Kanten links auf links aufeinanderfalten und ebenfalls bügeln. Die Kanten schmalkantig aufeinandersteppen. Volumenvlies auf den geblümten Taschenzuschnitt aufbügeln. Legen und stecken Sie die geblümten und unifarbenen Taschenteile rechts auf rechts aufeinander, dabei die Enden der Träger zwischen die Stofflagen an den kürzeren Kanten schieben. Die Abstände zur Mitte betragen jeweils 8 cm. Steppen Sie die Kanten aufeinander. Die Nahtzugaben in die Tasche bügeln. Nun legen Sie die Taschenteile so aufeinander, dass die Nähte mit den Trägern deckungsgleich aufeinanderliegen. Steppen Sie die Seitennähte, dabei lassen Sie an einer Seite der unifarbenen Futtertasche einen etwa 10 cm langen Schlitz mit 8 cm Abstand zum Boden offen. Die Nähte bügeln und die Bodenmitte mit einer Bügelkante markieren.

7 *Ecken markieren*

Klappen Sie die Seitennaht von der unteren Ecke aus auf die Bodenmitte, so entsteht ein Dreieck. Das Dreieck feststecken. Markieren Sie mit dem Geodreieck eine Linie im rechten Winkel zur Naht und mit beidseitig 6 cm Abstand von der Naht zu den schrägen Kanten.

8 *Ecken nähen*

Steppen Sie die Naht entlang der Markierung und schneiden Sie die Nahtzugaben zurück. Alle 4 Ecken auf diese Weise arbeiten und die Nähte bügeln. Nun wenden Sie die Tasche durch den Wendeschlitz an der Seite. Die offenen Kanten entweder schmalkantig aufeinandersteppen oder mit Vliesofix T6 aufeinanderbügeln. Die Innen- in die Außentasche stecken und die obere Kante bügeln, dabei darf das Futter schmal herausschauen.

Übersicht Falten

Selbst wenn es auf den ersten Blick nicht so wirkt, haben Falten, Biesen und Abnäher alle das gleiche Ziel, denn mit ihnen wird Mehrweite, z. B. an der Hüfte, auf die geringere Taillenweite reduziert. Bewusst eingesetzt, können Sie mit Falten das Schnittteil gleichzeitig dekorativ verzieren. Berühmtestes Beispiel für Falten ist der Schottenrock, der als Wickelrock rundum in gleich tiefe Falten gelegt ist. Ebenfalls aus England kommt der Rock mit Golffalten, der durch die doppelte Mittelfalte die Beweglichkeit beim Golfspielen auch für Damen garantierte.

Ein- und zweiseitige Falten

Die Falten werden mit Schneiderkopierpapier nach dem Zuschneiden auf die rechten Stoffseiten übertragen. Bei einem Faltenrock wird der Rocksaum zuerst gearbeitet und im Anschluss daran die Falten eingebügelt und genäht.

1 *Falten legen*

Führen Sie die Faltenbruchkante bei „x" in Richtung der Linie „0". Achten Sie darauf, dass die Linien, die nicht immer gerade verlaufen, genau aufeinandergelegt werden. Die Falten stecken und mit Dampf bis kurz vor die Saumkante einbügeln.

2 *Falten fixieren*

Um die Falten zu fixieren, gibt es zwei Möglichkeiten: 1. Sie legen die Faltentiefe rechts auf rechts, markieren die Faltenbruchkante auf der linken Seite und steppen die Falten von links bis zur Quermarkierung mit einem Riegel ab. Anschließend die Faltentiefe mittig unter die Faltennaht legen und gut bügeln. 2. Sie steppen die Bruchkanten der Falten von der rechten Seite mit einem kleinen Querriegel in Höhe der Quermarkierung ab.

Tipp: Generell werden Falten immer mit zwei Zeichen, z. B. „x" und „0" und einer Linie mit Pfeil markiert, der vom x zur 0 zeigt. In der Nähanleitung oder auf dem Schnitt lesen Sie den Hinweis „x auf 0 falten". Die Bruchkante, die zwischen x und 0 entsteht, wird als Innenbruch bezeichnet, die Bruchkante bei x wird zum Außenbruch. Der Abstand zwischen den Faltenbruchkanten ist die Faltentiefe.

Gut zu wissen

Kellerfalte

› Zwei Faltenbruchkanten stoßen auf der Oberseite in der Mitte der Faltentiefe aneinander. Die Bruchkanten können, rechts auf rechts gelegt, mit einer Naht fixiert werden oder von der rechten Seite schmalkantig abgesteppt werden.

Quetschfalte

› Im Unterschied zur Kellerfalte stoßen die Bruchkanten unter dem Stoff auf der Rückseite aneinander. Hier werden die Außenbruchkanten schmalkantig abgesteppt.

Einseitige Falten

› Hier sind die Falten alle in eine Richtung gelegt, das bedeutet, alle Faltentiefen zeigen zu einer Seite und die Bruchkanten zur anderen Seite. Klassisches Beispiel ist der Quilt oder Schottenrock.

3

4

5

6

Abnäher

Abnäher sind eine spezielle Variante der Falten. Mit Abnähern passen Sie das Schnittteil aus Stoff der Körperform an. Keilförmige Abnäher befinden sich an Schulter, Brust und der Taille, auf Figur geschnittene Kleider erhalten einen doppelseitigen Abnäher in Form einer gerundeten Raute von der Brust zur Taille und weiter zur Hüfte geformt.

3 *Markieren*

Markieren Sie den Abnäher mit Schneiderpapier auf dem Stoff. Ist es ein Abnäher mit geraden Linien, genügt es, an der Nahtzugabe zwei kleine Schnitte einzuknipsen und mit einem Kreidepunkt den Endpunkt des Abnähers zu markieren.

4 *Abnäherlinien übertragen*

Falten sie die Abnäherlinien rechts auf rechts und übertragen Sie mit Lineal und Kreide die Stepplinie vom Endpunkt zu den Markierungen auf der Nahtzugabe.

5 *Nähen*

Steppen Sie entlang der Abnäherlinie, dabei beginnen Sie auf der Nahtzugabe und lassen das Ende in einem flachen Winkel zur Bruchkante auslaufen. Achtung: Ist der Winkel zu stark, dann ergibt sich am Übergang von Abnäher zur normalen Weite eine unschöne Ecke! Verriegeln Sie bei Möglichkeit an der Spitze die Naht. Ist der Stoff zu dünn, verknoten Sie die Fäden am Ende der Naht.

6 *Bügeln*

Abnäher werden in der Regel zur vorderen oder rückwärtigen Mitte gebügelt, an querliegenden Abnähern wie dem Brustabnäher wird das Stofffältchen nach unten gelegt. Beim Bügeln achten Sie darauf, dass der Übergang vom Abnäher in den Stoff flach verläuft.

Wenn Sie einen Abnäher in dicken Stoff arbeiten, dann schneiden Sie den Stoff hinter der Naht mit 0,5 cm Zugabe weg. Etwa 2 cm vor der Abnäherspitze schneiden Sie den Stoff quer ein, so kann die Spitze nicht ausfransen. Die Nahtzugaben am Abnäher auseinanderbügeln.

Tipp: Falten lassen sich umso besser und dauerhafter einbügeln, je höher der Kunstfaseranteil im Stoff ist. Diese sogenannten Plisseefalten gibt es in den verschiedensten Varianten, als strahlenförmiges „Sonnenplissee“ genauso wie eingeprägte Quetsch-, Golf- oder einseitigen Falten.

Biesenschal aus Seide

Elegant und individuell

Modellgröße:

148 cm x 25 cm

Sie brauchen:

- je 20 cm braunen, grauen- und cremefarbenen Seidensatin, 150 cm breit
- Allesnäher, cremefarben

Hilfsmittel:

- Zwillingsnadel
- evtl. Biesenfüßchen
- Kreide oder Textilmarkierstift
- langes Lineal

Mit diesen winzig kleine Fältchen erhalten Stoffe eine Struktur. Da der Stoff zusammenschoben wird, müssen Sie immer erst die Biesen einnähen und danach können Sie das Schnittteil zuschneiden. Sie benötigen dafür eine Zwillingsnadel und, falls vorhanden, einen Biesenfuß.

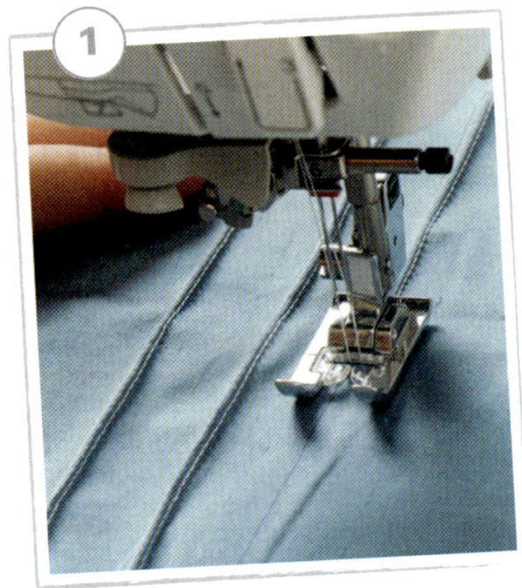

1 *Biesen steppen*

Markieren Sie die erste Biesenlinie mit Textilmakierer und Lineal auf dem Stoffstreifen mit 3,5 cm Abstand zur Längskante. Fädeln Sie einen zweiten Nähfaden in Ihre Maschine und die Zwillingsnadel ein. Steppen Sie entlang der Linie, sodass diese genau mittig des Füßchens verläuft. Markieren Sie mit dem Lineal mehrere Linien parallel neben der ersten. Haben Sie ein Abstandslineal für die Nähmaschine, können Sie dieses am Füßchen einrasten und das Aufzeichnen der Markierungen erübrigt sich.

2 *Streifen zusammennähen*

Bei dem grauen Seidenstreifen alle Biesen auf einer Seite parallel nähen. Auf der Rückseite ergibt sich ein Zickzackstich. Bei dem braunen und cremefarbenen Streifen steppen Sie je eine Biese auf der Vorder- und die nächste auf der Rückseite, das ergibt einen interessanten Ziehharmonika-Effekt. Sind alle Streifen mit Biesen versehen, legen Sie diese entlang der Längskanten aufeinander und steppen die Nähte, sodass Sie einen Schlauch erhalten. Die offenen Querkanten mit Zickzackstich, Stichbreite 2,5 mm und Stichlänge 1,5 mm versäubern. Die überstehenden Fäden wegschneiden.

Tipp: Mit Biesen lassen sich z. B. Passen an Kleidern oder Blusen besonders betonen. Sieht ihr Schnitt keine Biesen vor und Sie möchten trotzdem welche nähen, so schneiden Sie ein Stück Stoff zu, das etwa doppelt so groß wie die Passe ist. Steppen Sie nun die Biesen in gewünschter Richtung, Sie können auch Karos steppen. Nachdem die Biesen genäht sind. legen Sie den Papierschnitt auf und schneiden das Schnittteil wie gewohnt mit Nahtzugabe zu.

Faltenrock

Romantisch mit Bändchen

Kleidergröße:

Größe 36 und 38

Sie brauchen:

- 100 cm hellblau-grün gestreifter Baumwollstoff, 140 cm breit
- hellblau-grün geblümter Rest für Schrägstreifen
- hellblauer Reißverschluss, 20 cm lang
- Allesnäher in passender Farbe
- 30 cm Vlieseline H 180, 90 cm breit

Hilfsmittel:

- Schnittpapier
- Kopierrädchen
- Kreide oder Textilmarkierstift

Zuschneiden:

vorderes und rückwärtiges Rockteil, vorderer und rückwärtiger Besatz je 1x im Stoffbruch (auch aus Vlieseline)

zzgl. 1,5 cm Naht- und 4 cm Saumzugaben

gestrichelte Linien Größe 38

Vorlagen:

Schnittbogen B, Teile 19–22

Der klassische Faltenrock ist nichts für junge Damen? Diese Einstellung widerlegt der Rock mit einer frischen Streifenkombination und den aufgesetzten Bändchen mit Blümchenmustern. Der tiefere Sitz und das Ende des Saums betonen den modischen Look. Es steht Ihnen frei, die Rocklänge nach Ihrem Belieben knapp über oder unter dem Knie enden zu lassen. Einfach den Saum rundum verlängern oder kürzen.

1 Legen Sie die vordere Rockbahn entlang der Mittellinie rechts auf rechts und heften Sie die äußeren Faltenlinien von der Taille bis zum Saum aufeinander. Anschließend die beiden seitlichen Falten ebenso entlang der Mittellinie rechts auf rechts falten und entlang der Faltenlinien heften. Steppen Sie die Falten auf der linken Seite von der Taille bis zur Quermarkierung. Die Falten hinter der Stepplinie auseinanderfalten, sodass die Stepplinie mittig auf der Faltentiefe liegt. Die Falten mit Dampf durchgehend einbügeln. Die rückwärtige Rockbahn ebenso arbeiten.

2 Bügeln Sie die Längskanten der Schrägstreifen aufeinander. Legen Sie die vordere und rückwärtige Rockbahn rechts auf rechts, stecken Sie die rechte Seitennaht aufeinander und steppen Sie die Naht 1 cm breit. Die Nahtzugaben einzeln versäubern und auseinanderbügeln. Markieren Sie mit 5 und 8 cm Abstand zur Taillenlinie auf Vorder- und Rückteil die Ansatzlinien für die Schrägbänder. Stecken Sie die Schrägbänder von der linken Seitennaht aus auf die Rockbahnen und steppen Sie diese mittig fest.

3 Legen Sie nun das vordere und rückwärtige Rockteil entlang der linken Seitennaht rechts auf rechts, und steppen Sie die Naht bis zur Reißverschlussmarkierung 1,5 cm breit. Die übrige Naht bis zur Taille heften. Versäubern Sie die Schnittkanten und bügeln Sie die Nahtzugaben auseinander. Den Reißverschluss mittig unter die Heftnaht stecken und heften. Von der rechten Seite rundum mit dem Reißverschlussfüßchen 0,75 cm neben der Heftlinie steppen. Die Heftnaht entfernen.

4 Vlieseline auf die Besatzteile bügeln. Die Teile rechts auf rechts legen und die rechte Seitennaht schließen. Die Schnittkanten versäubern und auseinanderbügeln, auch die untere Kante des Besatzes versäubern. Den Besatz rechts auf rechts auf die Taillenkante legen und stecken. Mit einer 1,5 cm breiten Naht steppen. Die Nahtzugaben zurückschneiden. Den Besatz entlang der Ansatznaht auf die linke Seite falten, stecken und bügeln. Die seitlichen Kanten 1,5 cm breit einschlagen und mit Handstichen auf dem Reißverschlussbändchen festnähen. Den Besatz von rechts in der rechten Seitennaht zusätzlich feststeppen.

5 Lösen Sie die Heftfäden der Falten. Bügeln Sie die Saumkanten zuerst 1 cm und nochmals 3 cm auf die linke Seite, dabei die Falten wieder einlegen. Die Saumkante mit der Maschine von rechts 2 cm breit steppen.

Tu, was du kannst,
mit dem, was du hast,
direkt da, wo du bist.
Theodore Roosevelt

Näh-Projekte

Wenn Sie auf dieser Seite angekommen sind und schon einige Modelle nachgearbeitet haben, ist Ihre Näh-Erfahrung umfangreich genug, um sich auch an die folgenden Modelle zu wagen. Nun kann es so richtig losgehen, Ihrem Tatendrang und Ihrer Fantasie sind keine Grenzen gesetzt. Freuen Sie sich darauf, denn Sie können alles individuell ändern, durch Farben, die Stoffart und kleine Schnittvarianten und änderungen.

Geräumige Tasche

Für Stadt und Strand

Modellgröße:

50 cm x 31 cm x 16 cm

Sie brauchen:

- 55 cm hellgrünes Leinen, 140 cm breit
- 25 cm gestreiften Baumwollstoff, 140 cm breit
- Rest geblümten Baumwollstoff
- 180 cm Kantenfix
- 70 cm Volumenvlies H 630, 90 cm breit
- Allesnäher in passender Farbe

Zuschneiden:

gestreifter Stoff:
Träger, 2x je 90 cm x 10 cm, Mittelteil 2x je 82 cm x 19 cm (zusätzlich Volumenvlies)

hellgrüner Stoff und Volumenvlies:
Seitenteile, 2x je 82 cm x 19 cm

geblümter Stoff:
Tasche, 19 cm x 19 cm

Die Tasche liegt nicht nur federleicht in der Hand oder über der Schulter, sie ist auch kinderleicht zu nähen. Da sie aber großen Einkäufen oder einer Menge Badeutensilien enorm viel Platz bietet, kann sie in diesem Sinne leicht zum Schwergewicht werden.

1 Bügeln Sie auf die Taschenteile das Volumenvlies auf. Die Träger falten Sie längs links auf links und bügeln die Kanten. Den Streifen wieder auffalten und eine Längskante 1 cm breit umbügeln. Auf die offene Längskante Kantenfix vom Bruch weg aufbügeln. Die Nahtzugaben längs zur linken Seite falten und einbügeln.

2 Falten Sie die Träger mit eingeschlagenen Nahtzugaben entlang der Schmalseiten rechts auf rechts und steppen Sie die Naht 1 cm breit. Die Nahtzugaben zurück- und an den Ecken schräg wegschneiden. Träger wenden und bügeln. Steppen Sie nun die Längskanten der Träger schmalkantig aufeinander und die Bruchkanten rundum ab.

3 Die obere Kante der geblümten Tasche zweimal je 1 cm auf die linke Seite bügeln, die untere Kante einmal 1 cm breit auf die linke Seite falten. Steppen Sie beide Kanten 0,75 cm breit ab. Nun die Tasche mit 11 cm Abstand zur unteren Stoffkante auf einen Mittelstreifen stecken.

4 Anschließend ein Mittelteil rechts auf rechts auf ein Seitenteil legen und die Naht 1 cm breit steppen. Das zweite Seitenteil auf die gegenüberliegende Kante steppen, dabei werden bei beiden Nähten die seitlichen Taschenkanten mitgefasst. Die Nahtzugaben jeweils auseinanderbügeln. Steppen Sie den zweiten Mittelstreifen ebenso zwischen die offenen Kanten der Seitenteile, so erhalten Sie einen langen Schlauch mit außenliegenden Nähten.

5 Stecken Sie die Schlauchkante an der Seite mit der Außentasche rechts auf rechts, dabei liegen die Mittelstreifen genau übereinander. Die Bodennaht 1 cm breit steppen. Anschließend legen Sie die seitlichen Kanten von der unteren Ecke weg auf die Bodennaht, so entsteht ein Dreieck. Auf dem Dreieck eine rechtwinklige Linie mit 5 cm Abstand zur Spitze markieren. Entlang der Markierung absteppen und die Nahtzugaben zurückschneiden. Die zweite Ecke genauso arbeiten.

6 Die zweite Bodennaht am gegenüberliegenden Schlauchende mit einem etwa 15 cm langen mittigen Schlitz steppen. Die Ecken wie vorher beschrieben, abnähen. Den Schlauch durch den Schlitz wenden. Anschließend den zweiten Boden mit dem Schlitz links auf links in den Schlauch zum Taschenboden schieben. Die offenen Schlitzkanten mit Handstichen oder Vliesofix T10 schließen.

7 Stecken Sie die Henkel entlang der Längskanten des Mittelteils auf, dabei stehen die Enden 3 cm über der Außentaschenkante über. Die Henkel mit einem Quadrat und Kreuz durch alle Lagen aufsteppen, den zweiten Henkel gegengleich aufnähen.

Tipp: Ergänzen Sie die Tasche mit dem Schlüsselband von Seite 61. Aus den Resten der Tasche lässt es sich problemlos nähen.

Nadelkissen

Im Mustermix

Modellgröße:

ø 15 cm

Sie brauchen:

- Reste von Baumwollstoffen mit verschiedenen Mustern
- 50 cm rote Häkelspitze, 0,5 cm breit
- Knopf zum Beziehen, ø 20 mm
- Nähfaden Extra Stark in Rot
- Allesnäher in passender Farbe
- Füllwatte

Zuschneiden:

Unterseite, 1x in Rot gemustert

Segment Oberseite, je 3x gestreift und gemustert

Knopfzuschnitt, 1x

zzgl. 1 cm Nahtzugabe zuschneiden

Vorlage:

Schnittbogen B, Teile 23–24

Ein Nadelkissen ist beim Nähen unentbehrlich, daran hat sich seit Beginn der Schneiderei nichts geändert. Um Ihrer Kreativität freien Lauf zu lassen, können Sie dafür die kleinsten Stoffreste verwenden und die Segmente der Ober- und Unterseite im Mustermix zusammenfügen.

1 Legen Sie die Kanten zweier Segmente rechts auf rechts, stecken und steppen Sie diese 1 cm breit aufeinander. Die Nahtzugaben in eine Richtung bügeln. Alle sechs Segmente auf diese Weise aneinandernähen.

2 Legen Sie den Kreis aus Segmenten rechts auf rechts auf den Bodenkreis. Steppen Sie die Naht rundum mit einem etwa 6 cm langen Schlitz zum Wenden. Die Naht bügeln und die Hülle wenden. Die Kanten gut ausformen und bügeln. Nun das Kissen fest mit Füllwatte stopfen. Den Schlitz mit Handstichen schließen.

3 Stecken Sie die Häkelspitze über die Naht, sodass die Spitzenkante über die türkis-weißen Muster ragt. Nähen Sie die Spitze mit Handstichen rundum fest.

4 Beziehen Sie den Knopf nach Herstellerangaben mit rot gemusterten Stoff. Fädeln Sie einen langen, doppelten, roten Faden vom Extra Stark in eine lange, stabile Nähnadel. Stecken sie von unten nach oben durch die Mitte des Kissens und halten Sie das Enden unten etwa mit 10 cm Länge fest. Führen Sie den Faden auf der Oberseite entlang einer Segmentnaht nach unten zur Mitte und stechen Sie dort wieder nach oben. Den Faden so anziehen, dass er an der Naht den Rand leicht einzieht. Alle Segmente mit dem Faden unterteilen. Abschließend das Fadenende mit dem Anfang mehrmals verknoten. Ist der Faden noch lang genug, stecken Sie erneut nach oben, spießen die Nadel durch den Knopfsteg und wieder zurück durch die Einstichstelle. Den Faden nochmal verknoten und vernähten, anschließend abschneiden.

Tipp: Benützen Sie das Nadelkissen häufig beim Abstecken von Bekleidung, dann sollten Sie sich ein Armband dazu nähen. Verstürzen Sie einen 6 cm breiten Stoffstreifen in Armgelenkweite, über die Enden nähen Sie jeweils 2–3 cm Klettband. Das Nadelkissen nähen Sie auf die Mitte des Armbandes. Beim Abstecken kletten Sie das Band um Ihr linkes Handgelenk.

Rock für Rock'n' Roll

Mit Polka Dots

Kleidergröße:

individuell

Sie brauchen:

- Baumwollstoff in Rosa mit weißen Punkten, 140 cm breit, 120 cm bis 160 cm
- Bundfix, 3 cm breit, in Taillenweite plus 5 cm
- Allesnäher in passender Farbe
- Reißverschluss, 20 cm lang
- Knopf oder Druckknopf

Hilfsmittel:

- Schnittpapier
- Stift, Nadel und festes Garn
- Schere
- Stecknadeln
- Bügeleisen

Zuschneiden:

Rockteil (s. Anleitung)

Bund, 8 cm breit, Länge in Taillenweite plus 5 cm

Vorlage:

Schemazeichnung Rock

Schnittbogen B

1 Den Schnitt für den Rock erstellen Sie nach der Schemazeichnung. Einen Zirkel dafür improvisieren Sie: eine Nadel oder Pinnadel am Faden einknoten, einen Stift mit dem errechneten Radius der Taillenweite (s. unten) einknoten. Die Nadel in der Mitte des Papierbogens einstechen und den ersten Kreis markieren, für die Rocklänge mit Saum den zweiten Kreis markieren. Den Halbkreis der Taille und des Saumes ausschneiden.

2 Legen Sie den Schnitt entlang der Bruchkante auf den Stoff und schneiden Sie den Rock mit 1 cm Nahtzugabe an der Taille und dem Saum aus. Für die Naht in der rückwärtigen Mitte eine Bruchkante vom Saum bis zur Taille aufschneiden. Auf den rückwärtigen Kanten den Reißverschlussschlitz in 19 cm Länge markieren.

3 Steppen Sie die rückwärtige Mittelnaht ab der Reißverschlussmarkierung 1,5 cm breit aufeinander. Den Bereich des Reißverschlusses heften. Die Nahtzugaben auseinanderbügeln und einzeln versäubern, außerdem die Saumkante versäubern. Den Reißverschluss mittig unter die Heftnaht legen und stecken und heften. Von der rechten Seite mit dem Reißverschlussfüßchen rundum feststeppen. Die Heftnaht lösen.

4 Bundfix auf den Bund aufbügeln. Den Bund vom Reißverschluss weg rechts auf rechts an die Taillenkante stecken, am Ende steht der Untertritt 4 cm inkl. Nahtzugabe über. Den Bund in der Stanzlinie feststeppen. Die Nahtzugaben in den Bund bügeln.

Taillenradius: Zählen Sie zu Ihrer Taillenweite 3 cm dazu, und dividieren Sie diese Zahl durch 6,28; z. B. Taillenweite 80 cm, plus 3 cm Nahtzugabe, geteilt durch 6,28 = 13,2 cm.

Saumradius: Die gewünschte Rocklänge zum Taillenradius plus 1 cm Saumzugabe.

3 Die Enden des Bundes mit eingefalteter Nahtzugabe entlang der Mittellinie rechts auf rechts falten und stecken. Die Naht jeweils 1 cm breit steppen und mit Rückstichen sichern. Die Nahtzugaben zurück- und an den Ecken schräg wegschneiden. Die Enden des Bundes wenden. Die Längskante mit eingefalteter Nahtzugabe über die Ansatznaht auf der Innenseite der Taillenkante feststecken und bügeln. Von der rechten Seite schmalkantig oder im Nahtschatten feststeppen.

3 Einen Knopf auf den Untertritt am Bund nähen, gegengleich auf den Übertritt ein Knopfloch einarbeiten oder alternativ Druckknöpfe einschlagen.

3 0,5 cm parallel zur Saumkante eine Reihnaht mit größtmöglicher Stichlänge rundum steppen. Die Unterfäden anziehen und die Mehrweite gleichmäßig verteilen, sodass sich automatisch die 1 cm breite Saumzugabe zur linken Seite faltet. Die Saumzugabe mit dem Bügeleisen andrücken. Von der rechten Seite 0,7 cm breit oder füßchenbreit feststeppen.

Dieser Rock hat nur eine Naht in der rückwärtigen Mitte. Die maximale Rocklänge aus einem 140 cm breiten Stoff ist ca. 50–55 cm (je nach Taillenweite). Soll er länger sein, müssten Sie ihn aus 2 Teilen zuschneiden, dann benötigen Sie die doppelte Länge an Stoff.

Kissen

Gerüscht und gemustert

Modellgröße:

35 cm x 35 cm

Sie brauchen:

- 40 cm roten Baumwollstoff, 90 cm breit
- Rest gestreiften und geblümten Stoff
- Allesnäher in passender Farbe

Hilfsmittel:

- Bügeleisen
- Stecknadeln
- Kreide oder Textilmarkierstift

Zuschneiden:

Rüsche, 9 cm x 50 cm
Rück- und angeschnittene Vorderseite in Rot,
37 cm x 65 cm
Vorderteilhälfte,
37 cm x 17 cm

1 Markieren Sie an einer Schmalseite des roten Stoffes eine Linie mit 1 cm und eine weitere mit 2 cm Abstand. Bügeln Sie die Kanten auf die linke Seite um. Von rechts knappkantig feststeppen.

2 Falten Sie die Längskante der Rüsche zweimal je 1 cm auf die linke Seite und bügeln Sie die Saumkante. Diese von rechts schmalkantig feststeppen. Nähen Sie an der gegenüberliegenden Längskante eine doppelte Reihnaht mit jeweils 0,5 und 1 cm Abstand. Die Unterfäden auf einer Seite miteinander verknoten, die Unterfäden der zweiten Seite ziehen Sie an, bis die Rüsche eine Länge von 37 cm hat. Verteilen Sie die Mehrweite gleichmäßig auf den Unterfäden.

3 Legen Sie die eingereihte Rüschenkante rechts auf rechts an eine Längskante der gemusterten Vorderseite. Stecken Sie die Rüsche fest und steppen Sie diese neben der Reihnaht auf die Stoffkante. Die Nahtzugaben in Richtung des gemusterten Stoffes bügeln und zusammengefasst versäubern. Steppen Sie nun die Ansatzkante des gemusterten Stoffes schmalkantig ab.

4 Legen Sie das gemusterte Rüschenoberteil rechts auf rechts auf die Schnittkanten des roten Kissenvorder- und Rückteils, dabei zeigen die Rüschen zur Mitte. Falten Sie nun die rote Kissenvorderseite 25 cm breit über die Rüschen, bis das Kissen ein Maß von 35 cm x 37 cm hat. Stecken Sie die seitlichen Kanten des Kissens aufeinander, dabei fixieren Sie die seitlichen Rüschenkanten ebenfalls auf der Nahtzugabe.

5 Steppen Sie die seitlichen Kanten des Kissens aufeinander. Nun die Kanten versäubern und die Naht bügeln. Das Kissen durch den Rüschenschlitz wenden und die Kanten und Ecken gut ausformen. Die Kanten bügeln und eine Kissenfüllung in das Kissen stecken.

Tipp: Statt einer Rüsche können Sie das Kissen auf der Verschlusskante auch mit Bordüren oder Spitzen verzieren. Eine weitere Möglichkeit der Zierde ist eine Knopfleiste in der Kante. Nähen Sie darunter weiße Wäscheknöpfe aus Stoff oder beziehen Sie selbst Knöpfe mit passendem Stoff, das wirkt ebenfalls sehr dekorativ.

Die Rüsche des Kissens versteckt geschickt den amerikanischen Verschluss, der ausnahmsweise auf der Kissenvorderseite liegt. So schlagen Sie zwei Fliegen mit einer Klappe, denn die Dekoration verbindet sich mit dem Nützlichen.

Schürze

Für Küchenfeen

Modellgröße:

Schürzenlänge ca. 50 cm, Breite ca. 70 cm

Sie brauchen:

- 60 cm Baumwollstoff mit Rosenmuster, 145 cm breit
- 40 cm Baumwollstoff mit Ornamenten, farblich passend, 145 cm breit
- Borte oder Pomponband, 80 cm
- Allesnäher in passender Farbe

Zuschneiden:

Schürze, 74 cm x 55 cm

Bindebänder, 4x je 17 cm x 110 cm

Vlieseline 70 cm x 15 cm

Schürzen waren lange Zeit verpönt, aber nun sind sie wieder salonfähig geworden. Kein Wunder, denn ihr verstaubtes Image haben Sie abgelegt. Ob mit Rosenmuster oder einem grafischen Design im Retro-Stil, erlaubt ist was gefällt.

1 Bügeln Sie die seitlichen Längskanten des Schürzenteils zweimal je 1 cm auf die linke Seite und steppen Sie die Kanten schmalkantig fest. Den Saum einmal 1 cm und erneut 2,5 cm auf die linke Seite bügeln und feststecken. Stecken Sie die Borte oder das Pomponband so über die Saumkante der rechten Seite, dass die Ansatzlinie genau über dem Bügelbruch des Saums liegt. Falten Sie den Anfang und das Ende der Borte 1 cm breit auf die linke Seite zwischen die Saumzugaben. Steppen Sie Borte und Saum in einem Arbeitsgang fest.

2 Legen Sie je zwei Bindebänder rechts auf rechts und steppen Sie diese entlang der Schmalseite 1 cm breit aufeinander. Die Nahtzugaben auseinanderbügeln. Je eine Längskante der Bänder 1 cm breit auf die linke Seite bügeln. Auf dieser Kante von der Mitte aus beidseitig je 35 cm markieren.

3 Schieben Sie die obere Schürzenkante 1 cm tief zwischen die Markierungen des Bindebandes und stecken Sie die Lagen aufeinander. Steppen Sie das Bindeband schmalkantig ab, dabei gleichzeitig das Schürzenteil mitfassen.

Aufbewahrungsbox

Für diversen Krimskrams

Modellgröße:

19 cm x 11 cm x 18 cm
(ohne Umschlag)

Sie brauchen:

- 2x je 30 cm verschieden gemusterte Baumwollstoffe in Rosa-Weiß-Grün-Tönen, 145 cm breit
- 30 cm Volumenvlies H 630, 90 cm breit
- 70 cm grüne Zackenlitze, 0,5 cm breit
- Allesnäher in passender Farbe

Zuschneiden:

Stoff, 2x je 65 cm x 25 cm

Volumenvlies, 25 cm x 65 cm

inkl. 1 cm Nahtzugabe

Ganz gleich, wofür Sie die Box oder eine Mehrzahl davon verwenden, sie sind immer dekorativ und lassen sich auch bei Verschmutzung einfach waschen.

1 Bügeln Sie das Volumenvlies auf den Stoff der Außenseite. Legen und stecken Sie die Längskanten der beiden Schnittteile rechts auf rechts und steppen Sie die Längsnaht 1 cm breit. Die Nahtzugaben auseinanderbügeln.

2 Falten Sie den Streifen rechts auf rechts aufeinander, dabei liegt die Naht übereinander. Markieren Sie auf der Schmalseite des Innenstoffes mittig einen 10 cm langen Wendeschlitz. Steppen Sie die Naht von der Bruchkante aus, dabei den Wendeschlitz offenlassen, die Naht davor und danach verriegeln.

3 Klappen Sie nun für die Quernaht des Bodens die Seitennaht auf die Bodennaht und stecken Sie die Ecke fest. Markieren Sie von der Ecke weg mit 5 cm Abstand eine rechtwinklige Linie. Steppen Sie entlang der Markierung und schneiden Sie die Nahtzugaben zurück. Alle 4 Ecken auf diese Weise steppen.

4 Wenden Sie die Box durch den Schlitz und steppen Sie die offenen Schlitzkanten aufeinander, Sie können Sie auch mit Vliesofix T6 durch Bügeln verschließen. Die innere Stoffbox in die äußere schieben. Die oberen Kanten 1 cm breit aufeianadersteppen, über die Steppnaht auf der Innenseite die Litze stecken und diese mittig aufsteppen. Die obere Kante nach außen umschlagen.

Küchenhandtücher

Mit appetitlichen Applikationen

Modellgröße:

40 cm x 52 cm

Sie brauchen:

pro Handtuch:

- 45 cm Baumwollstoff, 145 cm breit
- Reste von Baumwollstoffen für die Applikationen und Aufhänger
- 30 cm Applikationsvlies
- Allesnäher in verschiedenen Farben

Zuschneiden:

Geschirrtuch, 44 cm x 56 cm

Aufhängeband, 3 cm x 35 cm

Motive nach Wahl aus Stoff und Applikationsvlies

Vorlage:

Schnittbogen B
Motiv 2, Erdbeere
Motiv 3, Kirsche
Motiv 4, Pilze

Selbst Kindern fällt das Abtrocknen nochmal so leicht, wenn die Trockentücher mit diesen attraktiven Motiven verziert sind. Ganz nebenbei zieren die Handtücher auch Ihre Küche, Sie brauchen sie nicht im Schrank zu verstecken.

1 Falten Sie die Bänder längs rechts auf rechts und steppen Sie die Längskanten 1 cm breit, den Nähfaden am Ende lange herabhängen lassen. Schneiden Sie die Nahtzugaben 0,5 cm breit zurück. Schieben Sie die Wendenadel mit der Öse voraus durch den Schlauch und knoten Sie die Fadenenden in die Öse. Ziehen Sie langsam an der Nadel, sodass sich der Schlauch wendet. Legen Sie das Band als Schleife aufeinander und fixieren Sie die Mitte mit einer Stecknadel.

2 Bügeln Sie die Kanten der Tücher zweimal je 1 cm rundum auf die linke Seite. Wenn Sie wollen, können Sie auch Briefecken (s. Seite 85) arbeiten. Die Kanten schmalkantig aufsteppen oder mit einer Zierstichnaht übersteppen und dabei gleichzeitig fixieren.

3 Übertragen Sie das Motiv für die Applikation auf das Applikationsvlies. Schneiden Sie das Motiv mit grobem Umriss aus und legen Sie es auf die Rückseite des gewünschten Stoffes. Nun legen Sie Backpapier über das Motiv, dabei muss das Vlies vollständig abgedeckt sein. Bügeln Sie das Vlies auf und ziehen Sie das Backpapier vorsichtig ab. Schneiden Sie das Motiv entlang der Konturen mit einer Papierschere aus.

4 Platzieren Sie nun das ausgeschnittene Motiv bzw. dessen Einzelteile auf dem Tuch, ob mittig, in der Ecke oder am Rand bleibt Ihnen überlassen. Gefällt Ihnen der Platz, dann bügeln Sie die Teile von der rechten Seite auf.

5 Nun können Sie die Kanten der Motive verzieren, entweder mit einer Satinraupe mit Zickzackstich, oder einem Geradstich oder Dreifachstich. Auch Ziersticheim Languettenstil eignen sich gut dazu.

3 Legen Sie die Schleife auf die Mitte der oberen Kante oder über die Ecke und steppen Sie diese im Kreuzungspunkt fest. Eine Schlaufe der Schleife dient als Aufhänger.

Tipp: Nehmen Sie für das Übertragen des Motivs auf Applikationsvlies keinen Textilmarkierstift, denn der verschwindet spätestens mit dem Aufbügeln des Vlieses auf den Stoff. Besser ist in diesem Fall ausnahmsweise ein schmaler Filzstift oder ein Kugelschreiber.

Zum Übertragen von Motiven gibt es ganz neu eine Transfer-Lochfolie. Sie legen die Folie auf die Vorlage, zeichnen das Motiv mit Textilmarkierstift auf die Folie durch. Anschließend legen Sie die Folie auf den gewünschten Stoff und zeichnen mit Textilmarkierstift das Motiv nach. Durch die Löcher wird die Kontur in Punktlinien übertragen. Wichtig: Testen Sie den Stift an einem Reststoff aus.

Hemdbluse

Mit flachem Stehkragen

Kleidergröße:

Größe 38/40

Sie brauchen:

- 150 cm leichten Blusenstoff aus Baumwolle, Seide oder Kunstfaser, 140 cm breit
- 50 cm Kantenfix
- 7 Knöpfe
- Allesnäher in passender Farbe

Zuschneiden:

Rückteil, 1x im Stoffbruch

Vorderteil und Ärmel, je 2x

Kragen, je 2x im Stoffbruch

Taschen, 2x je 16 cm x 12 cm

Manschetten, 2x je 25 cm x 8 cm

Kragen, 1x im Stoffbruch aus Vlieseline

Einfassstreifen für Ärmelschlitze, 2x je 19 cm x 3 cm

zzgl. 1 cm Naht- und 2 cm Saumzugaben

Vorlagen:

Schnittbogen B, Teile 15–28

1 Bügeln Sie die Vlieseline auf den äußeren Stehkragen. Die Ansatzkante des inneren Stehkragenzuschnitts bügeln Sie 1 cm breit auf die linke Stoffseite. Das Kantenfix halbieren und auf die zwei Manschettenzuschnitte bügeln.

2 Legen Sie Vorder- und Rückteil aufeinander und stecken Sie die Schulternähte. Steppen Sie die Nähte 1 cm breit, die Nahtzugaben zusammengefasst versäubern und in den Rücken bügeln. Schließen Sie die Seitennähte, auch diese zusammengefasst versäubert in den Rücken bügeln.

3 Bügeln Sie die vorderen Kanten entlang der Umbruchlinien auf die linke Seite und stecken Sie die Lagen aufeinander. Falten Sie an jeder Tasche eine Schmalseite 3 cm rechts auf rechts und steppen Sie die seitlichen Kanten 1 cm breit aufeinander. Die Nahtzugaben zu den Ecken hin schräg wegschneiden und die Taschenkanten wenden. Die oberen Kanten gut ausformen und bügeln. Die übrigen 3 Kanten der Taschen jeweils 1 cm zur linken Seite bügeln. Stecken Sie die Taschen an den markierten Stellen auf die Vorderteile und steppen Sie diese schmalkantig fest.

4 Umsteppen Sie die Markierung des Ärmelschlitzes und schneiden Sie diesen ein. Fassen Sie die Schlitze mit dem Einfassstreifen ein (s. Seite 124, Schritt 1–6). Legen Sie nun die Ärmel rechts auf rechts und steppen Sie die Ärmelnaht 1 cm breit. Die Nahtzugaben zusammengefasst versäubern und bügeln. Legen Sie die Fältchen an der Ärmelkante x auf 0 (s. Seite 136) und fixieren Sie diese mit Nadeln.

5 Arbeiten Sie die Manschetten nach der Anleitung Seite 125, Schritte 9–11. Nun steppen Sie die Manschetten mit der verstärkten Seite nach oben mit 3 cm Untertritt an die Ärmelkanten (s. Seite 126, Schritte 13–15).

6 Arbeiten Sie den Stehkragen nach der Anleitung Seite 128, Schritte 1–3.

7 Setzen Sie den Ärmel in das Armloch, dabei arbeiten Sie vom Ärmel aus (s. Seite 116, Schritte 1-3).

8 Nähen Sie Knopflöcher in den Übertritt der vorderen Kante und der Manschetten (s. Seite 103, Schritte 20–23). Beim Aufnähen der Knöpfe an der entsprechenden Stelle auf der Knopfleiste wird die Knopfleiste gleichzeitig fixiert.

9 Bügeln Sie die Saumkante zweimal je 1 cm auf die linke Seite und steppen Sie diese von der rechten Seite schmalkantig ab.

Register

Buchtipps

Suchen Sie nach noch mehr Inspirationen und Anregungen? Dann werden Sie hier sicherlich fündig:

Ebenso in dieser Reihe erschienen:
kreativworkshop Filzen
ISBN 978-3-7724-5062-4

Noch mehr Wissenswertes für Näherinnen
nähen Das Standardwerk
ISBN 978-3-7724-6745-5

Heidi Grund-Thorpe

begeisterte sich bereits mit 12 Jahren für kreative Hobbys wie Nähen, Stricken und das Malen auf Seide. Schon als Jugendliche faszinierten sie die unendlichen kreativen Möglichkeiten beim Umgang mit Farbe und Stoff. Ihre Leidenschaft machte Heidi Grund-Thorpe zu ihrem Beruf. Sie arbeitete einige Jahre als Redakteurin bei der Zeitschrift „freundin" im Kreativressort, bevor sie sich vor knapp 20 Jahren selbstständig machte. Heute ist sie erfolgreich als freie Autorin und Producerin tätig. Schwerpunkt ihrer Arbeit sind Kreativ-Bücher in den Bereichen Mode und Wohnen, aber auch viele verschiedene Bastelthemen. Ihre Ausbildung als Lehrerin für Kunst und Werken war dabei eine ebenso wichtige Grundlage wie das Studium für Mode- und Grafikdesign. Darüber hinaus entwirft Heidi Grund-Thorpe Näh- und Strickmodelle für namhafte Marken und ist als Mitbegründerin der Agentur ComCreativ zuständig für die kreativen Ideen, deren Umsetzung und die Organisation und Leitung kreativer Kurse. Ihr Credo: „Schöne Dinge selbst zu gestalten tun der Seele gut!"

Danke

an die Firmen Gütermann (www.guetermann.com),
Westfalenstoffe (www.westfalenstoffe.de),
Bealena (www.hotex.de),
Vlieseline Freudenberg (www.vlieseline.de) und
Prym (www.prym-consumer.com) für die großzügige Unterstützung
mit Materialien wie Nähfaden, Stoffe und Kurzwaren.

Unter **www.topp-kreativ.de/kreativworkshop** informieren wir Sie regelmäßig über aktuelle Trends und Neuigkeiten. Dort finden Sie alle Vorlagen auch noch einmal in Originalgröße zum Download. Sobald Sie sich registrieren, nehmen Sie an einem Gewinnspiel teil, bei dem viele spannende Buchpreise auf Sie warten.

Hilfestellung zu allen Fragen, die Materialien und Kreativbücher betreffen:
Frau Erika Noll berät Sie. Rufen Sie an: 05052 / 911 858 (normale Telefongebühren)

LAYOUT: Heike Köhl
LAYOUTUMSETZUNG: Grund-Thorpe.Design
FOTOS: Inge Ofenstein, München; Brother (S. 12, 13, 17)

DRUCK UND BINDUNG: Papergraf s.r.l., Italien

1. Auflage 2013

ISBN 978-3-7724-5095-2
Best.-Nr. 5095